平埔族調查旅行

伊能嘉矩〈台灣通信〉選集

伊能嘉矩　原著

楊南郡　譯註

遠流出版公司

【目次】

學術探險家伊能嘉矩

楊南郡

一八九五年底，伊能嘉矩
踏上遍地烽煙的台灣，獻身於
台灣各族群的實地調查研究十
年。在這期間，他先後完成了
《台灣蕃人事情》、《台灣蕃政
志》、《台灣志》等十本書，
回日本以後繼續研究二十年，
結果完成了大作《台灣文化志》
等五本巨著，以及一共七百多
篇論文及考證文章，生前發表
於《東京人類學會雜誌》、

伊能嘉矩獻身於台灣研究三十
年，他可算是第一位有系統研究
台灣平埔族原住民的學者，圖爲
他渡台初期的相片。（伊能邦彥
提供）

《台灣慣習記事》、《台灣時報》、《台灣教育雜誌》、《東
洋雜誌》、《學鐙》、《台灣日日新聞》等。其中，爲東京
人類學會所寫的，關於台灣平埔族的論述與紀行文，多達
每月一篇以上，旺盛的創作力眞是驚人。

伊能嘉矩去世四年以後才出版的《台灣文化志》三
卷，可說是關於台灣族群、文化、歷史、典章制度的一本
百科全書，也是一座學術金字塔。當時爲這本遺著作序的
學者福田德三，曾經評論他說：

伊能先生涉獵資料的範圍特別廣，又能充分咀嚼

繁瑣的史實，清查其相互關係，使台灣文化諸多現象的發展軌跡一目瞭然。伊能先生所展現的，對歷史的洞察力，發出燦然光輝

誠然，伊能嘉矩對台灣的貢獻，不僅反映在這些輝煌巨著，他隻身冒險犯難，入山實地調查所表現的，鍥而不舍的精神與作法，堪稱空前的典範。如果與比伊能晚一年來台作人類學調查的鳥居龍藏比較，顯然地，伊能在台灣史學、文化史與平埔族的研究，所花的心血較多，收穫也較豐碩。

伊能嘉矩的故鄉——日本岩手縣遠野市，從一九九五年八月一日起，至九月二十四日，舉辦「伊能嘉矩渡台百年紀念」特別企劃展，把他的著作、原稿、書函，在台時代的照片，用於調查蕃界的地圖、他所蒐集的台灣研究資料、台灣原住民的服飾、生活用具等三百五十件，展示於遠野市立博物館，為近年來最轟動學術界與文化界的一件大事。

直到今天，凡是要瞭解台灣、要研究台灣的近代史、台灣文化，以及台灣各族群的人，莫不預先翻閱伊能嘉矩學術上的成果。他為台灣研究所展現的的先驅精神與風範，仍然留存於台灣，雖然歷經一百年，仍然存活於台灣及日本的台灣文化研究者心內。

伊能嘉矩的生平與貢獻，已有他的門生板澤武雄博士

撰寫的〈伊能嘉矩小傳〉，收錄於《台灣文化志》。此外，與板澤博士同樣是研究荷蘭據台時代台灣史的權威中村孝志，也在《伊能嘉能の台灣踏查日記》日文版上梓時撰寫〈序言〉，文中中村教授特別舉例推崇伊能堅毅不拔的為學精神；而最近日本國內的「遠野物語研究會」研究部召集人荻野馨的新作〈伊能嘉矩の 步み 〉，對伊能一生的事蹟，作了深入的分析與介紹，可以說是洋洋大觀。

但是，伊能嘉矩的生平趣事、果敢精神與來台調查的抱負醞釀的過程，小傳作者及評論者著墨不多，外界對這些也一直很陌生。原來，百年來伊能給人的印象，只是一個拘謹、嚴肅、埋首於研究與著述，同時力行田野調查的篤實學者。

近年來，伊能的故鄉「遠野物語研究會」會員，承襲原先於一九二六年成立的「伊能先生記念鄉土學會」的學風，發掘了伊能的舊稿，以《伊能嘉矩紀行錄——離台以後的歷史與民俗的探索》為書名出版，也開始整理生前未發表的有關台灣的遺稿，例如《台灣蕃俗志》、《蕃語筆記》等，並重新研究伊能的學術內涵，這是一件令人歡欣鼓舞的大事。

舊稿的出土與重新研究，使在日本的伊能嘉矩仰慕者高興，無疑地也給台灣的研究者，帶來一個新的研究契機。

值此甲午戰爭一百周年與伊能嘉矩渡台一百周年，最

有意義的紀念事業，是根據新出土的文稿，重新回顧他對台灣的學術貢獻，重新認識他不為人所知的，富有機智、富有人情味的人格，以及為學術獻身的精神。當然，將他生前未發表的一系列著作翻譯成中文，附上充分的詮釋與考證，讓廣大的台灣民眾看到百年前祖先的文化原貌與居住環境，更是當務之急。

來台灣調查的動機

一八九五年十一月，來台一個月後，伊能嘉矩和任職於台灣總督府殖產部的田代安定，一起組織「台灣人類學會」，並訂定了研究章則。

來台以前，伊能曾經有一年向剛創立東京人類學會的坪井正五郎博士，學習過這一門新學問。同時在東京，和比他

伊能嘉矩為了原住民教育而來台任職。圖為伊能（右）抵台後與友人的合照。（伊能邦彥提供）

年輕三歲的鳥居龍藏，共同創立「人類學講習會」，研習日本周邊各民族。伊能一到台灣，就開始投入於高山與平埔族群的實地探訪工作。

伊能於一八九九年（明治三十二年）因病回日本作短暫的休養，其間他曾經應邀在「東京府教育會」演講「台灣蕃地探險實話」。從他的演講內容，可以瞭解他渡台的

目的、實際作法和他的觀感：

　　我長時間入山調查，其中的一個目的，是要查明
山上的蕃人是什麼種族？試著要加以分類。要調查人
類，有五個基準藉以辨別，也就是長體質上的特微、
習俗的現況、思想發生的程度、語言的異同，以及口
傳歷史。

　　明治二十八年秋天，我到台灣。當時的台灣正處
於戰爭中，最初無法出門調查。所謂蕃地探險，並非
一朝一夕的事，即使知道部落的位置，不一定能到
達。有時候要橫渡急流深潭，通常水深及腰，有時候
水深及胸，一天要涉渡十六、七次；有時候遇到壁立
千仞的岩壁，雙手抓緊藤蘿，像猴子一般攀登；有時
候在岩洞內棲身，度過漫漫長夜；因此，一天行進的
速度不到六、七日里（二十多公里）。部落在深山幽
谷中，距離漢人村落有十三日里以上，有的甚至要跋
涉險峻的山徑，翻山越嶺前行，路途遙遠，所以中途
要露宿。換句話說，人家所謂人跡罕至的地方，偏偏
就是蕃人所住的地方啊。

　　那麼，到底是什麼信念，驅使伊能嘉矩不顧一切，投
入令人畏懼的蠻荒之境呢？原來，他來台的目的就是他所
謂的「蕃人教育」。從他過去在日本所受的師範教育、來

台前後的工作和私人軼事，我們不難找到有力的線索。

來台灣以前，伊能嘉矩曾經在故鄉就讀於岩手縣師範學校。在校期間他開始鼓吹教育改革的理想，剛好碰上「學生宿舍騷動事件」，被校方以主謀者理由勒令退學，從此以後他完全靠苦學鑽研，自塑學問的基礎。

離開學校後，伊能歷任每日新聞社、東京教育社編輯，最後接受大日本教育新聞社總編輯一職，寫過三篇關於戰時教育政策的文章，給人以教育改革急先鋒的強烈印象。

他來台以後，隨即創立「台灣人類學會」，同時設立「蕃人教育部」於學會之下，自己負起原住民調查與教育的工作。他主張原住民調查的終極目標是教育。假如對族群的種類、習俗等有充分的知識基礎，那麼要推行原住民教育，就不是一件難事。

來台後第三年，伊能完成一百九十二天的蕃界調查旅行後，首先發表台灣島原住民的分類。他把台灣原住民分為八族，而其中之一的平埔族則再細分為十個族群。他對於族群的科學分類法，雖然後來經過若干修正，例如被他劃入平埔族的南庄化番，已被修正為一個獨立族群，基本上，他的分類法在日據時代一直被官方文書所採用。

〈回想餘筆〉所發出的心聲

一九○○年五月，伊能嘉矩參加一支學術探險隊，首

次到基隆北方的無人島彭佳嶼調查。在島上，他利用餘暇寫下一篇長文〈回想餘筆〉。這一篇生前與死後都沒有發表的文稿，在很多伊能著作系列中，顯然具有強烈的反省、自剖味道，他道出心底下澎湃的情感與想法，讀起來溫馨感人：

　　回想四年前的今天，是我奉命作「台灣蕃地探險」的日子，邇來每年此日，我都與志同道合的朋友開茶會敘舊。今天在孤島上當一個過客，……不禁回想到往日蕃地探險的種種，懷舊之情溢於肺腑，乃斜靠於孤島岩角，利用半日閒，草此短篇。

　　當初，我在日本內地晏然翻閱斯坦利（Henry M. Stanley）所寫的《橫越最黑暗的非洲大陸》一書，腦子裡幻想著蕃地探險是男兒畢生的一大快事。精神一到，何事不成！

　　當時台北府兵荒馬亂，蜚聲紛紛，人心動搖，而遠隔之地，則羽檄旁午，干戈絡繹，處於戰時、戰地的狀態。……我渡台的願望，是對台灣蕃人的人類學研究。要進行蕃地探險，有三個必需條件，那就是第一、蕃地的知識；第二、對蕃人有講方便的對策；第三、懂得蕃語。抵台後發覺我欠缺這三個要件，因此感覺時機未到，便一心一意，先從研究台灣的歷史、地理和蕃語開始。

　　到了明治三十年，地方治安已恢復平靜，各級施

政架構也已趨穩定，總督府為了經營蕃地，在各地設立了撫墾署等機構。這時候，我想舒展個人宿志的時機已到臨了。剛好總督府為了「蕃人教育施設之準備」，命我做全島蕃界的巡察。我當時太高興了！

在過去的年代，歐洲探險家都甘冒各種危險，與艱難搏鬥，以安全通過蕃地為目的。然而，本次我受命做全島蕃界探險，主要的是要探查蕃地內的實情為目的。我萬分高興之餘，曾私下憂慮我是否真的能夠達成使命？是否能夠完成十分之一的重任？這時候，我正在閱讀航海家麥哲倫（Ferdinand Magellan）的傳記。當他要離開故鄉的時候，對他的父親說：「兒子此行若非達到目的，不管是什麼危險，絕不迴避。」讀到這一幕對話，瞬間我原先的憂慮被一掃而空，抱著不迴避任何危險的決心，於受命後第十天，就踏上了旅程。

事實上，伊能不迴避任何危險，甘願闖入當時尚不為人所知的「蕃地」探險，以達到最後要教育原住民的心志，已見於他來台前夕，在日本致送官方及學界的「趣意書」（後來收錄於他的《台灣志》卷首）。他主張剛入版圖的台灣，統治及教育先要有組織的學術研究為基礎。他說：「要治化、保護、誘掖未開化蕃民的方法，看似容易，但實際做起來卻很難，一方面要施予教育，以啟蒙、栽培其德、智，另一方面要謀求授產方法，以防範禍機於

未然。爲達到此目的，有必要審慎調查研究台灣的漢人、熟蕃、生蕃三種住民，講求治敎之道。」

伊能呼籲各界人士協助他達成「蕃地探險」的目的。於是他在「趣意書」上，慷慨陳述他要冒險犯難、視死如歸的大決心：

古來許多探險家之所以能闡明前人未發之隱微，擴大知識之領域，絕非逸居於衽席之上，即可憑空拾得此功果。而必須冒百難，不顧萬死，挺身率先，深入蠻煙瘴霧之間，涉渡祁寒無橋之水，攀登隆暑無徑之山，絕望復絕望，瀕死復瀕死，僅得之於僥倖生還之間，如此方成其偉績。……雖不幸喪生於異域，曝屍骨於沙磧，而不爲人所弔者十之五六，然以訃音激勵後進，或以所遺留之日記助益學界，其貢獻遠勝於汗牛充棟之死書，其死全然異於犬馬之死。」

全台蕃界巡察旅行

抵台後的頭一兩年，伊能嘉矩被任命爲台灣總督府國語學校書記及敎諭的職務，所以他就任於學務局，正是他早年希望要推動的教育工作。一八九六年整整一年期間，他利用公餘時間，全部精神投入於台灣北部凱達格蘭族與東北部宜蘭地方噶瑪蘭族的實地踏查研究。

然後，從一八九七年五月三十日起，到十二月一日，

他和同屬學務局的博物學者粟野傳之丞，兩人一起進行台灣全島巡察旅行。這一次長達一九二天的大旅行，是伊能在台灣進行田野調查的最高潮。

伊能和粟野接受總督府民政局的派令，進行「蕃人教育施設準備之調查」，本質上有臨危受命的性質。兩人在兵馬倥傯、治安與衛生極差的情況下，行腳於「蕃界」，涵蓋了高山族、平埔族等各族居住地的山川、地理、交通、產業、「蕃情」、「蕃俗」、「蕃語」，以及民蕃互動等各層次的考察。

長達半年以上，一口氣走遍四百四十三日里（約一八○○公里）路程的大考察，有了豐碩的成果。伊能根據他實地考察及分析的資料，寫成一本厚達二八三頁的《台灣蕃人事情復命書》，內分〈蕃俗志〉、〈蕃語志〉、〈地方志〉及〈沿革志〉四章，毋寧說是一部人類學、民族誌學、地理學的綜合性學術報告書也不爲過。

伊能嘉矩逝世後，他在全島巡察旅行中所寫的日記遺稿，近年幸而在後裔親族慨允之下在台灣出版，書名是《台灣踏查日記》。令人十分驚訝的是，踏查日記內以備忘錄方式記錄的，有關山麓各族群生活動態、對話內容、對民情好惡的分析，以及履險經過，都非常生動，卻從未做爲素材，轉載於他的《復命書》裡。也就是說，踏查日記的內容，有很多部分是從未收入於官方報告書與其他著作的珍貴私人資料，可以視爲伊能的一部獨立文書，深具文

學與學術價值。

踏查三原則

一九〇〇年八月二十八日，伊能嘉矩從鳳山到打狗（高雄）的途中遇到颱風吹襲。他兩次跌倒於泥濘中，全身與行李盡濕，同時也感染了瘧疾。在旗後的客棧病榻上，他不顧全身痙攣、忽而發高燒、忽而意識不明的狀況，提起鉛筆在他〈南遊日乘〉的序頁上，寫下「踏查三原則」。這是他自從來台灣以後，一直身體力行、遵循不悖的座右銘：

第一、即使生病或有其他事故，當天查察的事實必須
　　　當天整理完畢。
第二、為達到科學查察的目的，其要訣在於「注意周
　　　到」四個字。日後撰文時，如果還有細微不
　　　明之處或疑點，就是當初犯了注意不周的罪
　　　過。
第三、以周到的注意查察的結果，必須以同樣周到的
　　　筆法記述。

今天，我們讀他所遺留的日記手稿，能領會到他不管多麼勞累，或在風雨交加的夜晚，或在地面茅席上，或在陰暗、潮濕的小屋內委屈一夜，他都用鉛筆，一個字一個字整齊地寫下他當天發現的各項資料，字跡清晰，理路暢

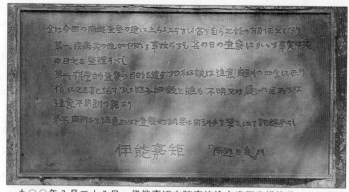

一九〇〇年八月二十八日，伊能嘉矩在踏查旅途中病倒高雄旗後，他不顧高燒，握筆寫下著名的「踏查三原則」，成爲日後有志於田野調查者的座右銘。圖爲鑄刻於伊能故鄉遠野古城「伊能先生彰顯碑」上的「踏查三原則」。（郭娟秋攝）

明。他那樣旺盛的精神和嚴厲律己的風範，眞令人嘆爲觀止！

　　他說：「邇來我遵循這三原則，進行我的踏查工作，但是終日辛辛苦苦探尋資料，回到客棧時，已是夜深的時候，或是夜宿蕃社矮屋，在沒有床席的情形下，不知不覺會違背自己所訂的三原則。爲了防止這種事發生，我抄錄〈阮驃騎傳〉，做爲活的典範。」

　　也許是命中註定的，伊能一生的結局和他推崇，奉爲典範的這一位悲劇人物完全相同。

　　原來，清代的台灣北路營參將阮蔡文，是一位最負責的清將。康熙五十四年，阮蔡文不顧危險，堅持從嘉義走險惡的陸路，北上到淡水，沿途巡視各地營汛防務，在路途中遭遇到慘絕困境，而且不幸感染了嚴重的瘴疾。他回

大陸後不久，因爲瘧疾復發，而以五十歲英年去世。

　　而伊能在調查旅行中，也不幸兩次感染了瘧疾。在完成一百九十二天旅行的最後時刻，病倒於基隆港四天，甚至無法起身搭乘火車回台北。回到台北寓所後，伊能立即在病床上振筆趕寫《台灣蕃人事情復命書》。十年後伊能離台回日休養，不幸在台灣多次感染的瘧疾復發，於五十九歲有爲之年早逝，留下了很多文稿都來不及整理發表。上天沒有假以年壽，使他完成台灣史學、人類學、文化史的總結，使台灣與日本兩國的人士感到無限的痛惜！

　　一百年前的踏查過程中，伊能的確遭遇到無數困難，而這些困境正是一百年前台灣山麓地帶的最佳寫照。日記裡所流露出的艱辛與克服的經過相當動人，使人覺得即使與史坦利的非洲大陸探險作一個比較，伊能所面臨到的困難度和危險度，是毫無遜色的。

　　簡單地說，伊能親身體驗到大自然與人爲的嚴酷威脅——險路連綿、匪賊出沒、陰霖連日、荊棘穿身、溪流暴漲、餐風宿露，以及原住民頑強排斥外人的闖入、伊能因感染瘴癘而多次臥倒旅次、致行程超過原定的日數、前後兩次被原住民偷襲，差一點被馘首斃命等。

兩次殺身危機

　　在〈回想餘筆〉裡，伊能嘉矩特別舉出「兩大危機」，細述他兩次險遭身首異處的橫禍，讀過以後，不禁

令人毛骨悚然。

原來，伊能在烏來地區的 Rahao 社（信賢），受到泰雅族頭目Watan Taimo 和衆人招待飲酒，半夜醉倒後，突然有人大喊「殺日本人者是勇士！」，一個喝醉的泰雅人持刀破門而入，準備要砍殺伊能，幸而頭目夫婦醒過來，及時加以制止。同伴的粟野在驚惶中搖動伊能的身子，但是伊能還是沈睡不醒。第二天頭目等人對伊能半開玩笑地說：「伊能君，看你睡得那麼甜，醉夢中頭被砍下來，大概也不會覺得痛吧！」

事後，伊能作了一番檢討：「當初，我以爲蕃地探險很危險，但是，一旦上了戰場，如果沒有想像中那樣的箭石交飛如雨、砲煙蔽天的一幕活劇，一定會感到寂寥。蕃人即使會加害外人，只要能講究防範手段，蕃害並非不可免。 這次我在 Rahao 社險遭殺身之禍，實際體驗過恐怖的一幕後，毛骨悚然的感覺自然消失了，從此以後，我能泰然自若地跋涉蕃地。」

說實在的，若非伊能酒後熟睡，又怎會泰然自若呢？

伊能嘉矩從台北縣南勢溪的泰雅族部落回台北，然後再往南方繼續他的蕃界巡察活動。他來到新竹縣五峰鄉的十八兒社，在賽夏族頭目 Watansset 家過夜的時候，再次險遭殺身之禍。

原來，十八兒社和更深入內山的霞喀羅社，曾經遭受清廷討伐，一直不歡迎異族進入他們的地盤。 伊能事先

和頭目 Watansset 約好前往訪問的事。想不到當夜頭目家，來了頭目的外甥和幾個霞喀羅社的泰雅族壯漢，向頭目夫婦進行強硬的談判：「為了蕃社的名譽，無論如何要取這三個日本人的頭，今夜一定要幹！」頭目無法勸解，只好想出一計，叫他們等到第二天日本人上路以後，在路上劫殺。

當天晚上，頭目夫婦還不能安心，特地搬原木堵佳門窗，防備對方的夜間突襲，整夜不敢闔眼。但是，伊能白天跋涉山路太累了，不久就呼呼大睡。

第二天睡醒後，頭目夫婦已準備好了，由頭目親自帶一個部下，全副武裝地護送伊能等人，朝向西南方的五指山走，避開昨天晚上向那一群人說要走的路。

事後，伊能回憶說：

> 為了逃避危險，我們俯身鑽過「荊棘隧道」，滿身被刺傷了，但是一點也沒有感覺痛楚。最後衝到山腳，才脫離險地。這時候頭目等人要告辭，我取出一瓶酒和頭目互飲幾杯，感動之餘和頭目擁抱泣別。……至今回想起來，能夠脫離殺身危機，只是靠運氣，也幸而與頭目有知遇之恩，被他救了一命！

行事細心而富有機智

伊能嘉矩在行動中，也充分顯示他的機智與細心的一

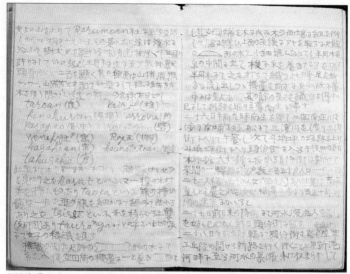

在踏查過程中，伊能嘉矩總是行事細心、十分週到的將所見所聞一一紀錄在當天的日記中，圖爲其踏查日記原稿。（伊能邦彥提供，郭娟秋攝。）

面。由於平地有匪賊出沒無常，山麓地帶盛行出草，所以他都能爲自已的行事、宿夜地點，想出最妥善的辦法。

從他的日記，我們可以歸納下面幾種方法。他每到一個地方，都先訪問當地的撫墾署，聽取「蕃情」報告，然後以署爲宿舍，或以轄區爲中心，去查訪各「蕃社」。

由於原住民偶而下山到換蕃所（物品交換所）來，或到撫墾署來領取日人爲懷柔目的而給的「惠予品」，他都能利用這種機會，與原住民直接交談，或觀察他們的衣飾、風俗，並做成記錄。

透過撫墾署長的推薦，伊能都能投宿於轄區內的頭目家，或平埔族、漢族地主家。因爲頭目和地主的居處，通

常最容易取得民情資料，也可以接觸到舊時代的文物、觀看舊時代的風俗，同時透過頭目的安排，接見社眾也更加方便。有時候，伊能住宿於各地的國語傳習所（小學的前身）。早期的日語學校通常設於寺廟內，安全性比較高。他也投宿於地方的長老教會堂內（如在新店、埔里），獲得各方面的照拂。

伊能和山上原住民、平埔族、漢族土人交談時，態度誠懇有禮。他很尊重當地的習俗，從不批評風俗的優劣，反而是對地方風俗稱讚的多。

伊能很善用時間。除非大城市間有火車之便，如中壢至新竹、基隆至台北乘火車外，大部分都乘坐轎子趕路，但是短程的部落間道路，則是步行的。

意志堅定的伊能不畏病魔侵擾，即使生病，如患過阿米巴痢疾、瘧疾，他都抱病繼續他的巡察旅行。

至於隨行人員，他從來不挑剔，有什麼人陪同，就與什麼人同行。曾經陪他跋涉各地的人，包括原住民頭目、副頭目、嫁到平地的原住民婦女（俗稱「蕃婆」）、通事、殖產部職員，甚至是撫墾署長。可能是他人緣很好，總是有人陪同入山旅行。

從台東到花蓮，是一段最有趣的路程。在東部，卑南大社的卑南族給伊能安排一輛牛車，伊能便欣然坐上水牛牽拉的兩輪牛車，沿著台車縱谷，慢慢地北上。到了大巴塱社（花蓮縣光復鄉阿美族大社），好心的阿美族安排四

人抬的竹轎給伊能坐，一路由健壯的阿美族扛轎，前後左右由二十五名全副武裝的阿美族壯丁，護送到花蓮。這是他環島調查旅行中，最得意、最豪華的優遇。

台灣三怪之一

伊能嘉矩在台灣十年期間，只回去日本三次。第一次是因病回去休養，已如上述。第二次是在一九○一年回日本結婚，與新婚妻子一起生活二十四天，便隻身匆匆趕回台灣。第三次在一九○三年，是因爲公務出差到日本。從結婚到一九○六年離台返日止，整整五年時間，他單身繼續在台灣工作，而把妻子留在日本照顧年老的外祖父。

伊能既沒有攜眷同住，又沒有子女，在台灣蟄居於南洋商會的一個房間，生活很簡樸。他沒有出門做田野調查時，鎮日埋首於書堆裡，當時被視爲一個清高的苦行僧。

一九○六，台灣日日新聞刊出一篇筆名「小觀子」所寫的專文，題爲〈台灣三怪〉，引述其部分如下：

> 台灣有三怪——其一是寄寓於總督府民政長官官邸的「孔子公」館森袖海翁；其二是寄寓於東門宿舍的「佛祖爺」小泉盜泉先生；其三是寄寓於南洋商會的「活神仙」伊能梅陰氏。三個人的年歲都很大，都過著沒有妻子在旁的單身生活。

原來，曾經留學於德國，專攻醫學與公共衛生，而且

醉心於洋化與現代化的總督府民政長官後藤新平，卻私下對這位「朝經夜史」的經學之士袖海翁，以幕賓之禮相待，恭稱他爲孔子公，而且把他接來共住於官邸，俾便朝夕請教。不僅是袖海翁，甚至後藤長官在時人眼中，也是一個不折不扣的奇士。

號稱「台灣三怪」之一的伊能嘉矩，埋首調查、著述，數十年如一日，圖爲其部分的筆記原稿。（伊能邦彥提供，郭娟秋攝。）

而盜泉先生不是別人，是飽學印度梵文、佛典的名士，「不管是洋服、和服，都隨便穿著，穿錯了也不管，衣服縮小或褪色如羊羹一般也不管，桌上積塵如垢，一年到頭未曾請人來清掃房間，本人卻安居於層層積垢中，絲毫不介意。」

第三個怪物梅陰先生，正是伊能嘉矩。從作者「小觀子」的鮮活描述可知，被視爲「活神仙」的伊能在台灣所

留下的，不平凡的軼事特別多，讓我們讀過之後，對伊能的為人與性格，頗有耳目一新之感：

　　梅陰氏昔日在東京當書生時，賃居於一間殘破的宿舍，終日苦讀，無視於辛酸苦楚的處境。他天生怪物，出門的時候，即使黑雲密布，天快下雨，也不帶雨傘出門。下雨的時候，他不會找個地方避雨歇腳，卻若無其事似地淋著雨漫步回家。他後來不想進學校讀書，幾乎獨力做學問。他之所以能在學問上出人頭地，應歸功於平時刻苦自勵的精神。

　　梅陰氏渡台任公職後，雖然以任官身分即可住官舍，卻自願獨居於南洋商會裡的一間小房，十年如一日，沒有想要搬到他處。小房間內堆滿古書和生蕃的器具、雜物等，這些是他的寶貝，比吃飯還要重要。他的書桌放在這些古書、雜物之間，弄得室內空間更狹小。他坐於室內榻榻米上，連伸直雙腳都會碰到周圍的古書、雜物，但是他仍泰然自若。如果有客人來向他請教，他就很熱情地用他那種特異的聲調，高談闊論，時而發出陰陽怪氣的笑聲。

　　梅陰氏對人類學的造詣很深，是台灣的活字典，也是台灣史的權威。他是生蕃的真正知己朋友，幾乎把生蕃當做自己的親戚。他的口頭禪是「生蕃絕不是壞人！」他對學術研究忠心耿耿，除非有急事，他連星期日或假日，也出門蒐集學術資料。即使是歲末過

年的連續假日，也不在寓所，一定出差到外地。他不像別人那樣到外頭遊山玩水，卻專做史料的蒐集工作。梅陰氏的一生志業，在於完成他的《台灣志》，目前已寫好二卷，預定要繼續憑個人力量寫數卷才能完結。這樣的個人著作，我想工程是螢浩大的。

活神仙的祕密

表面上，伊能嘉矩在台灣的私人生活，是既孤寂又單調的，難道沒別的因素支持他在學問上繼續奮力邁進？沒有別的因素滋潤他的生活？

關於內心與外在的因素，過去的學者未曾探討過。

伊能有感情生活嗎？我們翻看他的著作，甚至演講記錄，幾乎都找不出線索，因為他從不談起感情及心理深處。我過去曾經循著他在台灣的足跡，探訪了台灣很多地方，也特別細讀他所遺留的日記，仍然看不出蛛絲馬跡。

終於有一天，意外地找到揭開他內心祕密的鑰匙。原來，這位被認為不涉感情世界的活神仙，私下出資養育著一對來自不同家庭的泰雅族男女少年，把他們視為自己親生的小孩一般照顧，並給予安排正常的日式教育。雖然其中一個少女被寄養於一個漢人家庭，伊能所付出的父愛，並不比普通人家少。他一邊養育，一邊在實驗多年來的夢想，要實踐所謂「蕃人教育」。他不但關心這一對男女少年的生活和教育，也向他們學習泰雅語，他自己也不諱言

這一對少年男女是他的泰雅語老師。

一八九七年五月四日在彭佳嶼寫的回憶文章〈回想餘筆〉，正透露出伊能的點滴心事：

> 我目前養育著一個生蕃孩子，名字叫 Palnaha Ivan，是大嵙崁地方（桃園縣角板山）生蕃頭目的一個兒子。當年台灣巡撫劉銘傳討伐蕃地的時候，把他當人質帶回平地，交給漢人施予教育的，當時才八歲。現在已長大，變成一個少年了。他離開山上的故鄉多年，但從未表示要回山上，只留在吳姓漢人家。我是向吳先生說出我的心願，才領養過來的。Palnaha 聰明乖巧，現在已通曉日語，我覺得他的將來很有希望。
>
> 這次我奉命要開始全島的查察旅行，正在準備的時候，Palnaha 很努力地，一五一十地告訴我在蕃社應對的要領，反覆地對我說：「爸爸一定要到我山上的家好嗎？家裡還有三個兄弟，他們會好好地照顧爸爸的。」我看這個孩子這樣伶俐可愛，我就打從心底決心要辦好很有希望的蕃人教育，而這蕃人教育，確是這次蕃界查察的真正目標！

大嵙崁之役與小人質

據史料顯示，劉銘傳曾經在桃園縣大溪創設「全台撫

墾總局」和「礦腦總局」，積極開展拓墾與製腦事業。但是世居其地的泰雅族，一直無法忍受漢人從大溪向內山進行掠奪性的經濟侵略，因此漢人的武力征伐與泰雅族的報復性出草事件迭起。從光緒十二年（一八八六）起，劉銘傳連年興兵多次，去討伐位於復興、三民、大豹一帶的山地部落，戰火也蔓延到南方的五指山、五峰、上坪一帶。光緒十三年九月，動員的清兵軍力竟達二十三營，一萬一千五百人。泰雅族抵抗軍在角板山社總頭目 Taimo Missel 的指揮下，與清軍正面交戰，結果雙方死傷枕藉，加上瘧疾橫行，清軍折損一半兵力。劉銘傳不得已下令撤兵，命通事向泰雅族講和。泰雅族雖然沒有打敗仗，但是接受了清廷的「招撫」，同時交出各社頭目的兒子為人質，獲得短暫的和平。

光緒十四年，劉銘傳把戰役中強要的小人質送到撫墾總局。光緒十六年台北府番學堂成立後，Palnaha 在番學堂就讀，由教師吳化龍照顧。伊能來台的時間，距離光緒十四年才不過七年，那麼一年後他領養 Palnaha 的時候，Palnaha 已是一個十六歲的少年了。伊能踏上一百九十二天的旅程時，已經和 Palnaha 相處一年多，所以情同父子的關係，與正常的家庭情形相同。

在〈回想餘筆〉裡，伊能沒有提及領養以後，Palnaha 是不是寄宿於番學堂，或者住在南洋商會的宿舍裡。其他生活的細節，伊能也沒有再談起。

不過，伊能在一八九七年六月七日的日記，有一段關鍵的話：「從復興角板山社回大溪途中，一群泰雅人陪著我走。其中有兩個青年是 Palnaha Ivan 的大哥和二哥，都是角板山社頭目的兒子。我對他們說 Palnaha 現在在我的台北寓所讀書，他們們聽了之後顯得很高興，說一定要找個機會去台北跟這個老三見面。由此可知，不分東洋、西洋，也不分文明人或野蠻人，天倫之情是永遠不變的。」

　　這一段日記明確地暗示 Palnaha 和養父伊能同住在南洋商會，而且這個少年的生父，原來就是角板山社的總頭目。

　　伊能所收養的一個泰雅族女孩，是一個悲劇性人物，雖然伊能沒有領回南洋商會，但是他所付出的慈愛，極為動人。

　　這個女孩也是光緒十四年劉銘傳強行帶回平地的小人質，名字叫Ai，當時也是八歲，生父是復興鄉 Kimnashi 社頭目。劉銘傳起初把她交給撫墾總局看管四年。Ai 十二歲的時候，耶穌教會傳教士陳存心往山地傳福音，看到 Ai 的處境很可憐，於是向撫墾總局交涉，領回台北養育。

　　伊能的〈回想餘筆〉沒有談到他資助 Ai 受日式教育，視同領養的情事，也沒有提及 Ai 的情況。但是，Ai 十七歲的時候，因為瘧疾而突然去世。伊能寫了一篇悼文

弔祭她，原文後來被轉載於《東京人類學會雜誌》：

　　……我在明治二十九年一月和 Ai 第一次見面，那時候她已經十六歲了。我去陳傳道師家訪問時，看到她端姿正容，知曉應對禮節，已經去除了蕃俗。她會講日語，而且還記得蕃語。邇來我向她學習蕃語，同時向她問起蕃社習俗。經過一年多的接觸以後，由於她的幫忙，我對泰雅語及習俗的知識，已有很大的進步。當時我正在進行關於生蕃的學術研究，苦心想要知道怎樣教育、怎樣陶冶，才能收到圓滿的效果？於是我出資把她安排在台北市大稻埕的國語學堂念書，希望她能獲得良好教育。每次和她見面的時候，看得出她切磋語文的能力，好像已能自由地用日語表達意思了。

　　三月十四日是禮拜天。我習慣上利用禮拜天去學堂看她。當天我發現她已懂得日常禮節，會用日語向我請安，使我覺得再過幾個月，教育的成果一定令人刮目相看。啊，想不到這是我最後一次跟她說話，也是我們最後一次的見面！幾天以後，經營學堂的兼松磯熊君突然寄來一封信，告訴我：「蕃女 Ai 不幸在三月十五日突然得到熱病，十九日就死了！」

　　啊，年紀還輕輕的 Ai，我寄予厚望的 Ai 死了！……我不得不為她的急逝而悲痛！

束裝回家鄉與辭世

一九○六年一月，三
十九歲的伊能嘉矩，突然
向台灣總督府提出辭呈。

由於當年總督府文官
體制的紊亂，伊能經常被
調到不同的機構、不同的
職位，但是他仍能勤奮地
工作十年。

伊能嘉矩身後留下大量的稿件，等待出
版，圖為其曾孫伊能邦彥（右）整理其
遺稿的情形。（郭娟秋攝）

從提出辭呈的兩年前
起，他隸屬於民政部警察本署，負責「蕃界事務調查」。
伊能在這個崗位上，應當能夠繼續投入工作才對。但是，
他的辭職理由卻是「要回鄉專心於著述，同時就近照顧年
邁的祖父」。二月，伊能就束裝回鄉了。

伊能回到日本內地後，還是不能悠閒地專做著述工
作，因為台灣總督府繼續委託他進行「臨時台灣舊慣調查
會」的調查編纂工作，也請他擔任「台灣史料編纂委員
會」委員，同時編纂《理蕃沿革志》、《理蕃誌稿》，以及
《大日本地名辭書》中關於台灣島內地名考等。事實上，
離開台灣以後的伊能，仍繼續他的研究工作。

伊能在三十九歲有為之年，突然離台回鄉的理由，依
情理仍具說服性，但是促成他急速離開台灣這個研究舞

台，也可以從別的因素加以補充說明。

第一、自們從他刻意栽培的泰雅族女子 Ai 於一八九七年早逝後，以後的幾年間伊能沒有再提起「蕃人教育」的理想。隨著一九〇二年台灣平地的土匪事件全面肅清以後，總督府突然改變原來的山地懷柔政策，開始以威壓手段對付日漸增多的山地原住民的反抗，山地已經不像日本據台初期那樣平穩。自然地，伊能也和幾年來所作的「蕃情調查」隔離，實地調查的機會顯得更少，而且他所提倡的「蕃人教育」，由於時空和情勢的變化，幾乎變成空談。伊能當年來台的兩大目的——原住民的調查分類和「蕃人」教育，前者已有了成果，但是後者終歸失敗了。

第二、一九〇四年（離台一年多以前），伊能向東京帝國大學提出博士學位論文《台灣蕃政史》（即《台灣蕃政志》三卷的別稱），但是，直到一九〇六年，東京帝大仍遲遲沒有給予通過。東京帝大所持的理由是，這本書的發行者是台灣總督府，是台灣總督府委託他編著的「非個人作品」。這是官僚體制下的不當理由。事實上，全書是伊能企劃、撰寫的學術著作，這本書的學術價值遠超過一般的博士論文。伊能是不是很灰心了？至少他沒有向別人埋怨過，也沒有寫文章提及。

回日本內地以後，伊能繼續研究台灣二十年，不幸在一九二五年（大正十四年）八月九日，因為在台灣多次感染的惡性瘧疾復發，經過一個多月的藥石治療無效，於九

伊能嘉矩返鄉後繼續台灣及故鄉遠野的調查研究，圖爲其故宅中，自署爲「台灣館」的書齋現貌。（郭娟秋攝）

月三十日永逝。

　　故鄉的人爲了紀念這位畢生爲台灣研究與鄉土史研究鞠躬盡瘁的學者，特別在遠野古城遺址，建立一座「伊能先生顯彰碑」，碑上刻著他生前撰寫的座右銘「踏查三原則」，而紀念碑旁邊，有他生前手植的三株槐樹。春來秋去，古槐隨風吟出伊能所提倡的「甘棠之愛」，不時向碑文投下斑駁的綠蔭，好像在撫慰著這一位爲台灣捨身的大學者。

〈總序〉
台灣的田野是無盡的寶藏

　　我從小就存疑；人為什麼活？人為什麼打仗？後來走上人類學的道路，與期望解開這些疑問，相信是有一些關係的。一九五七年，我首次參加蘭嶼的民族學調查，從事雅美族的系譜採錄工作。我對所目睹、所接觸的現象，有強烈的想知所以然的欲望。譬如說，對系譜一面記錄一面問，「系譜空間」是什麼？其中所蘊藏的豐富資訊，如何開採而取用？雅美人居住的房屋，其大小有顯著的差異，但居住者所組織的都是核心家庭，為什麼其他類型都不見？有什麼定律可以證明大家庭之不可或無法存在？東南亞諸島因有獵首風俗的民族居住而著名，雅美族能擺脫此風俗，為什麼？加上淳樸和睦的民風，待人彬彬有禮，遇落成禮，賀客依序唱著古雅的禮歌，通宵達旦不停，祝福禮主鴻運亨通。他們建構以禮節規範的和平民主社會，我們不得不問，我們不能的，為什麼雅美族能？雅美族不喝酒、不抽煙，把人類的欲望壓低，這是維持和平必付的代價？後來有機會訪查其他族群的親屬結構，但知道得越多疑惑越深。譬如，為什麼母系社會只見於平原，而父系社會只見於山地？這是否偶然？若是非偶然，用什麼定律來證明其必然性？又，母系大家族和年齡組織為主軸的社會盛行於台灣平原地區，但這種組合卻不見於島外的任何族

群，爲什麼？這很可能是台灣平原族群的獨創，那麼原來的面貌又是如何？有無數個「爲什麼？」始終在腦際盤旋，所目所睹無一不使我深思，深感台灣田野資源的豐富，實是取之無盡的寶藏。

人類學者雖然認爲「系譜方法」是在田野採集親屬資料最佳的工具，但不認爲「系譜空間」是在研究室裡值得作進一步探討的範疇，無人相信其中充滿 DNA 般的訊息，足以成爲親屬研究的重心。在沒有多少資料可引爲奧援的情形下，我只好自己來尋覓自己所提問題的答案。親屬的 DNA 將呈顯何種面貌？親屬理論應該如何重建？那把解謎的密鑰，到底在那裡？這些都成爲近四十年來我日以繼夜，夢裡也不忘追求的中心課題。在多年的暗中摸索，偶遇志同者交換心得，深入討論，嘗試突破。在多項試行錯誤後，我們終於發現「數學」是一把能打開其門的鑰匙，一點一滴抽出來的訊息淬礪成「親屬數學」這一門新科學。至於其他問題，如在腦中埋著一些火種，時而冒煙，但始終尋找不到解決的鑰匙。

解決這些問題的線索來自古生物學的「島嶼律」。該律認爲動物體型如象般的巨大化，或如老鼠般的小型化，都與生態環境，如敵獸的存在等孜孜相關。同時維持巨大化或小型化的體型也要付出很大的代價，故在無敵獸的島嶼上，象的體型自然會恢復到原來的山豬般大小，老鼠則如兔子般大小。若容許我們把巨大化的觀念引進於社會科

學，來看家族、親屬團體、部落的規模大小問題，而從
「島嶼律」的觀點來解釋，則雅美族的維護小家庭莫非是
社會祥和的象徵？一千乃至二千的人口是否維持一個民族
文化的最低界線？因此島嶼不容許居民玩戰爭遊戲，分成
敵我陣營而互相攻殺？雅美族認為死亡是兇惡的象徵，是
最忌諱的。整個文化朝避兇招祥的方向設計，上面所提的
種種疑難，從這個觀點是否可以化解？

　　回顧這一段追索、探討的過程中，對於人類學、對於
台灣這一片土地，我也逐漸有了一些更深入的認識：

　　第一、人類學雖然已有一百多年的歷史，也有一些資
料的累積，但其理論的建構，只能說才就緒，無法回答一
切的質疑或解惑。換個角度來看，人類學，事實上，是一
門才剛起步的「新科學」。現階段，田野工作仍是最重要
的，極需更多的參與、收集與記錄，來促進理論的建構。
同時，學者與異文化接觸的過程中，可觸發出無數個「為
什麼？」，進而探索這些疑難，追求其所以然，深思如何
來建構知識體系。如此，田野與研究工作，一如「身與
影」，是不可分離的。因此對於年青一輩的研究者，我想
提出的忠告是「深入田野，體驗異文化」，這實是人類學
的原點，切不可遺忘的。同時，打開疑難的鑰匙，如上面
諸例所示，先進科學常提供線索，是故，學者具備幾門學
科的素養，或者，有不同學科背景的學人來參加調查研
究，這是對人類學的生長，尤其理論建構，是不可或缺

的。

　　第二、假如把文化當作海流來看，台灣是海流匯集的地方，所以食物豐富，有眾多的魚類群聚，是一個難得的大漁場。在這麼一個小島上，若連平埔族也算在內，加上近四百年前來台的漢族，及已遁跡的荷蘭、西班牙和日本諸族群，已經有超過二十個以上持有不同文化的族群居住或居住過。台灣不是一個平坦的島嶼，拜高山林立，地理複雜之賜，因此能保存這許多異質性極高的文化或族群。再從世界地理的角度來看，台灣正處於東西方交會的十字路口上，文化的發展與變遷過程也格外具有特色，引人注目——總之，真是社會科學的一個寶島！

　　世界上的任何角落，都見得到人類學者的踪影，在默默從事田野工作，但所收集的資料無論如何豐富，卻都有時間上的限制，這使得人類學者深深感覺，美中有所不足。這就是說，所獲得的資料都是同時性的，然而，文化有流動性或變易性，但相關的異時性資料卻極難或無法獲得。台灣的田野資料，我們擁有一百年前，鳥居龍藏和伊能嘉矩兩人所做的田野調查記錄，其難得與重要性，也就不言可喻了。

　　萬物在流轉，社會、文化也沒有例外，瞭解變遷的軌跡也就是瞭解文化時所不可或缺的。百年前的台灣到底是什麼模樣？漢人和原住民的關係又是如何？平地和山地有什麼樣的差異？前人所留下來的文獻資料雖然有一些，但

說到寬廣與正確性，恐怕還是不能不先想到，這二位受過人類學訓練的年輕學人所留下的田野調查記錄。百年來，台灣社會變得太多、太快速。許多事物、制度，到今天都已消逝不見了。但在鳥居龍藏與伊能嘉矩的時代，卻是活生生的存在著，他們兩人親自去接觸，正確地記錄下來。透過這些文獻，我們可以和百年前的台灣見面，但想要與當時的人們同行，是一件不容易的事。百年前的聚落，該當今天的何地？當年所走的路，今何在？今天這些文獻終於由勘查舊聚落、古道有深厚造詣的學人譯成中文，能與讀者見面，實是一件喜訊！

楊南郡先生是台大登山社的指導老師，熱愛登山活動，其熱情至今不變。楊先生不止於登高峰而滿足，他注意到通往山地的道路已有很大的變遷，早期地圖所記載的山路何在？許多聚落已遷移，其舊址如何訪查？楊先生旺盛的知識欲，使他走上孤獨的知識探索之旅。新知識的累積，自然形成一門學問。進入山地的先民，如何利用台灣特有的地勢，建構交通網或交易網？部落的遷移或民族的移動，是否恣意的？或者有定律可循？交通的難易對族群的形成無不影響，真正要了解台灣複雜的族群配置與其互動，交通是不可或缺的知識之一。譬如，鹽是不可缺乏的，山區的住民在異族環繞下，如何建立交易的關道？誰來扮演仲介人？占據交通的要津是福是禍？是四方八達或是四面受敵？跋涉峻嶺偶有新發現，在今天被認為人類不

能居住的高嶺發現部落舊址，又做何種解釋？脆弱的人類學理論立刻崩潰改寫，新解釋跟從而來，這是顯而易見的。

　　台灣在異文化的錯綜交織下，使田野充滿機鋒，處處都是寶藏所在。許多事物都爲人帶來驚喜、帶來啓發、帶來震撼。任何的疑難，不要輕易打發掉，疑惑是對未知世界的探索原動力，是通往眞理的羊腸小道，這是現象之後必有理則存在之故。最後，謹以「以知爲知，以不知爲不知」這一句千古箴言來勉勵讀者。學問不論大小，只問深淺。學問與知識已飽和者無緣，知識的女神只對承認自己知識有限，有疑惑者招手。面對未知的世界，勇敢地踏出一步，自然可以走出一條路來——路是人走出來的。楊南郡先生是開路的先鋒，勇者的典範，台灣充滿寶藏的最好見證人。

劉斌雄

一九九六年於南港

　　（本文作者原任中央研究院民族學研究所所長，國際知名人類學者，台灣「親屬理論」權威。今已退休。）

〈序文一〉

中國有一句古諺說「秀才不出門，能知天下事」，這句話不知貽誤了多少中國文人。自古以來，中國知識份子很少願意出門去做實際的觀察和體驗，只會坐在家裡吸收書本上有限的知識。中國史書也常著重於帝王將相的記錄，對於普通老百姓很少著墨，對於非漢族更是缺少關注。因此，對於中國境內的少數民族，我們缺少通盤的了解。清朝統治台灣二百年（1683～1895）的歷史，可曾為在台灣土生土長的南島民族留下多少記錄？這二百年漢人所做的總記錄卻還不如荷蘭據台三十八年（1624～1662）所留下相關的文獻記錄，更不用說和日本統治台灣五十年（1895～1945）日本人所做的成績相比了。這不能不說是一件令人汗顏的事。陳第在明朝萬曆三十二年（1603）所發表的〈東番記〉是根據他到台灣實地觀察所得，可說是一篇有關台灣平埔族極難得的短篇報導了。黃叔璥（1722）所寫的《台海使槎錄》，其中「蕃俗六考」才有關於平埔族較詳細的觀察和記錄。可惜它們竟成為後人輾轉抄襲的對象，後人所撰寫的相關報導並沒增添多少新收集的資料。這也是一件相當令人遺憾的事。

日本人治學的精神極可佩服：他們不畏艱苦，不怕危險。有的一年到頭幾乎有一半的時間都在外頭做實地的調查。一八九五年台灣割讓給日本之後，很快就有一批日本

學者到台灣來做調查研究，包括伊能嘉矩、鳥居龍藏、小川尚義等人。這些前輩學者對台灣學術的貢獻和他們所奠定的台灣學術研究基礎是後人無法取代的。他們的調查報告在《東京人類學會雜誌》、《民族學研究》、《蕃情會誌》以及其他各種刊物上發表。伊能在台灣做平埔族調查，以「台灣通信」的方式陸續寄往《東京人類學會雜誌》披露。有關台灣平埔族，我們的認識很不夠，主要是相關的資料非常缺乏。幸虧有伊能當年積極做調查所留下的資料，即使有的地方零碎一些，在今日對我們來說，卻成為非常珍貴的唯一參考資料。

近一百年前發表的日文資料，台灣沒有幾家圖書館會擁有這些資料，對於研究者要找尋這些資料並不容易。年輕學者精通日文的並不多。有鑑於此，楊南郡先生將伊能當年在台灣實地調查所寫的研究報告，陸續譯成中文，以嘉惠學者。楊先生說，「希望透過文字重編，來顯現為學術冒險的熱忱與成果，是我最大的期盼。」這些譯文曾分別在《北縣文化季刊》和《宜蘭文獻雜誌》分期陸續刊登。我是眾多愛讀楊先生譯文的讀者之一，有好幾個原因，其中一個就是楊先生的「譯註」最令人激賞。

當年趙元任、羅常培、李方桂三位語言學前輩合作翻譯瑞典漢學家高本漢（Bernhard Karlgren）的《中國音韻學研究》一書（從法文譯成中文），傳為學術界的佳話，因為中譯文勝過原著，訂正了原著不少的錯誤。楊南

郡先生的譯文也一樣勝過伊能嘉矩的原著，主要是因爲譯者爲各篇通信增添了不少的譯註，使讀者更能瞭解平埔族的風俗習慣和當時的實際情況。何以楊先生能做到超越譯者的基本職責呢？這主要是要歸功於他這二十五年來一直很積極地從事原住民及古部落的調查研究，他走遍了台灣各地的史蹟和各條古道，尤其人跡罕到的山區。因此，他對於當年伊能調查所走過的途徑和路線都能瞭如指掌。在台灣精通日文的人儘管仍有一些，但要能像楊先生那樣走遍個舊部落和古道的，恐怕再也找不到第二人了。

　　楊先生對於探求先住民的遺跡，態度非常積極。今且舉一個例子，就可想見其一斑。我在《台灣風物》發表的〈台灣平埔族的種類及其相互關係〉，提到蘭陽平原上的猴猴社是一種屬於很特殊的民族；他們的語言在一百多年就已消失了，我曾親自到舊猴猴社（今蘇澳鎮龍德里）去訪查，可惜都找不到猴猴族的後裔。楊先生看到這篇報告之後，就跑到蘇澳附近一帶去到處打聽，循著馬偕醫生和伊能走過的路線找到了猴猴族居住過但今已成廢墟的山區。因此他受到不少皮肉之苦，大腿還受了傷（詳情請見中研院《平埔族研究通訊》第一期，頁15～16。）他千辛萬苦地訪查到猴猴社的五、六個後裔，才探錄到五、六個單字，回來很興奮地打電話告訴我。只可惜那些其實都是噶瑪蘭話，而不是眞正的猴猴語。不過，對於楊先生探求眞理的熱誠，我還是深受感動。

任何人的工作都不可能完美無缺，伊能的原著和楊先生的譯文自然地也不例外。畢竟伊能並沒受過專業的語言學訓練，他所記錄的各種平埔族語言資料，其精確度不無疑問。不過他採用羅馬拼音，而不是用日文片假名來記音，這在當時已是難能可貴了。幸而有他記錄了淡北各番社的若干詞彙，藉此我們才可以判斷：淡北一帶都屬於凱達格蘭族，只是有一些方言上的差異。至於他記音的精確度如何，有關凱達格蘭語言今日已無法找到發音人來核對了，但有淺井在一九三六年所做的貢寮新社方言調查可作比對。至於他在宜蘭調查的噶瑪蘭語言，我們今日仍然可以到花東沿海一帶去找還會說母語的人做核對和比較。我發現伊能的記音欠佳，分析語句結構也有一些錯誤。現在就以伊能的第二十六回〈台灣通信〉第一五二號中，他所記錄的噶瑪蘭語和本人所記錄的差異舉若干例子作比較，如下：

伊能	李壬癸	詞義	伊能	李壬癸	詞義
ā ā	qaqa	兄姊	urus	qurus	衣服
uho	uRu	頭	zapo	zəpu	鞋
vuho	vuqəs	頭髮	naon	nauŋ	山
unom	uəŋ	鼻	aiso-pasano	aimu	你們
kayal	kayar	耳	maut	mawtu	來
ŋoyok	ŋuyuR	嘴	tavahi	tvaRi	紅色
vanhao	vaŋRaw	牙齒（動物的）	sutaŋe	staŋi	今天

他記音的主要問題在分不清：（一）l 和 r，（二）n 和 ŋ，（三）擦音 R 和塞音 q，（四）u（或 o）和 ə；小舌音 q 他常聽不見而遺漏。並請注意：伊能所調查的噶瑪蘭方言，小舌塞音 q 已變成擦音 X（或 h），小舌濁擦音 R 也已清化為 X（或 h）了。詞義誤解的包括：vayi 是"祖母"，不是"祖父"；vaqi 是"祖父"，不是"祖母"；vaqi-so 是"你的孫子"，不是"別人的孫子"。構詞或語法的分析欠妥，例如：

yaut-iko 應作 yau-ti-iku "我有了"
　　　　　　　　　　有　了我

諸如此類，不勝枚舉。我指出這些問題，主要目的是在提醒讀者：在引用伊能的平埔族語言資料時，要格外小心。最好親自去做田野調查，加以查證。

伊能在奇武荖採集的〈戀妻歌〉，我根據花蓮新社朱阿比（api，女，68歲）所唱的改訂如下，以供讀者參考：

ravayayu ravaika masukaw
男名　　女名　　惡劣
譯文：ravayayu（的妻子）ravaika（死了，丈夫）心
　　　情惡劣。

anəm-ku　nanam-su.
心　我的習慣　你
譯文：你習慣我的心＝你熟悉我的感覺。

masaŋ masurun ita m-kiyrar tu tamun.

從前　一起　　咱摘　　　斜菜

譯文：從前咱們一起摘蔬菜

ma-patay ti isu, muRiŋ ti iku sukaw.

死　　　了你　哭　　了我 惡劣

譯文：你死了，我痛哭，非常傷心。

masukaw ti anəm-ku.

惡劣　　　了心　我的

譯文：我的心情惡劣極了。

masaini ta vuRuRan na paRin.

煩惱　　處下面　　屬樹

譯文：他煩惱（至死），（死後就埋藏）在樹下。

　　譯者只是忠實地按照原著譯出這些平埔族語言資料，可惜都沒有做任何的訂正工作或加上「譯註」。其主要原因是他們兩位的專長並非語言學，我們也不應該苛求。其實，我們都應該以感激之情來閱讀這些很有學術價值的田野調查報告，藉此瞭解平埔族的過去，是認識台灣歷史很重要的一環。

李壬癸

謹序於中研院史語所

一九九五年四月十五日

（本文作者現任中央研究院歷史語言研究所研究員）

〈序文二〉

日本統治台灣的初期，伊能嘉矩、鳥居龍藏、森丑之助是研究台灣原住民的佼佼者，也是經常被提起的學者。鳥居氏所拍攝的珍貴原住民攝影作品，曾在台灣各地展示過，至今仍有書刊陸續轉載他的攝影作品，可見他的魅力不減。此外，森氏曾經單獨出版過二本優秀的原住民攝影集，知道他的人應該也不少，他謎樣的、傳爲自殺的失蹤事件，卻使他的生平事蹟隱晦至今。

至於伊能嘉矩，雖然他曾廣泛地，運用實證方法研究原住民及漢人的風俗習慣，還爲我們留下嚴謹翔實的紀錄，但是直到最近，不論是台灣及日本，對於這位台灣研究家，都還是相當的陌生。他所遺留下的日記，經由森口雄稔的努力，以《伊能嘉矩の台灣踏查日記》（台灣風物雜誌社，1992年）爲書名在台灣出版了，而楊南郡先生把伊能的各種踏查日記譯成中文，使得中、日兩國的專家學者開始注意伊能嘉矩在台的事蹟。

鳥居龍藏以山地原住民與蘭嶼原住民爲專業的研究對象，相對地，伊能嘉矩對平地的各族群研究，則留下豐盛的學術成果。平地的原住民——平埔族，在日治初期幾乎已喪失了其傳統習俗與語言。幸而伊能對平埔族部落進行巡察旅行，用近代的學術手法做了精湛詳盡的調查紀錄。現在，他的紀錄已經變成唯一的珍貴資料，讓我們得以重

新認識業已消失的平埔族文化。

本書作者楊南郡先生是伊能的仰慕者，也是篤志於學的民間學者。他多年來搜求並博覽伊能等台灣研究先驅者的龐大著作與論文，研究之餘能以「就事論事」的態度，指出以往研究的偏差，對學界有很大貢獻。他研究學問的特色是實證精神，這可以從他努力發掘清代及日治時代開鑿的古道這一點，看出一二。他秉持凡事若非親眼看見，絕不輕易相信的態度。

台灣的民間研究者中，有不少人只會高唱自己的主張，對旁人的意見充耳不聽。楊先生卻沒有這類獨善作風。他講話時聲音很大，曾經使我覺得很不習慣，但是，當我對他講話的時候，都能靜靜地傾聽；如果聽到好的意見，也都能虛心地接受。他是我平日所尊敬的人物。

伊能嘉矩的〈台灣通信〉文集，曾經連載於《東京人類學會雜誌》，現在楊南郡先生選譯了平埔族部分。這是我長年以來所盼望的伊能平埔族調查文集。當然，過去我想要的是日文文集，想不到中文的譯作，先於日本版問世，致使台灣研究者處於比日本研究者更有利的狀況，使我又羨又妒。

《平埔族調查旅行——伊能嘉矩〈台灣通信〉選集》的出版，自將形成台灣的伊能仰慕者遠多於日本的伊能仰慕者的現象。伊能嘉矩先生如果在地下有知，絕對會感到真正的稱心快意，大大的滿足。

希望本書是一個很好的契機，好讓伊能嘉矩在台灣讀者之中享有更適切的、應有的高度評價，同時也讓廣大的台灣朋友，對業已消失的平埔族文化習俗與語言，寄予更深刻的理解，這是我在這裡衷心期盼的。

土田滋

謹序於順益台灣原住民博物館

1996年8月9日

（本文作者原任日本東京大學語言學系主任教授，為知名的南島語研究學者。現任順益台灣原住民博物館館長。本文原以日文撰寫，由黃盛璘小姐譯為中文。）

〈譯者序〉

西元一八九五年，馬關條約的簽訂決定了台灣割讓給日本的命運。同年十月，年輕的人類學研究者伊能嘉矩，單身離開日本前往烽火漫天的台灣，冒險進行人類學的研究。

當時的台灣，正處於日本的台灣征討軍與抗日的義軍交戰之下，大地一片血腥，但清吏如唐景崧、劉永福，以及士紳丘逢甲之輩，已挾著巨款離台內渡。雖然首任的台灣總督已經在十一月十八日向其本國政府宣稱「台灣全島已完全平定」，但是「平定」後到處仍繼續爆發掠奪、虐殺、暴動，人心惶惶，民不聊生。

一八九六年一月，台北城及台北縣一帶仍有所謂「匪徒之亂」，二月底才暫告平息，但是，中、南部的騷亂不止，而且由於戰火蔓延，瘧疾、赤痢等傳染病橫生，要深入鄉間僻地作人類學調查，實在極具危險。

伊能先生於一八九六年七月二日，開始了北部、東北部平埔族部落的實地踏查行動。自七月二日至九月六日間以及翌年春天，作不定期的「淡北地方平埔蕃」的訪查，他的行程西自桃園縣南崁，東至台北縣汐止，涵蓋台北市全域、台北縣的低山與淡水河下游、新店溪及基隆河一帶，以及桃園縣龜山鄉、蘆竹鄉，也就是清代所稱的「淡水縣十九番社」的大部分地區。

他接著自十月一日至二十四日共二十四天，從基隆向東，沿著淡蘭古道到山後的蘭陽地界，作長程的跋涉旅行，最南到蘇澳近山的猴猴社，涵蓋了舊淡水縣十九番社中的大雞籠社、三貂社，以及清代所稱的「噶瑪蘭三十六番社」。由於蘭陽地方沿途有土匪出沒，其三分之二的行程，是在高度警戒下，與當地漢人或平埔族結隊而行，或在陸軍護衛之下，以步行方式深入山麓地帶。他發現部分的平埔族部落太偏僻，而且漢人屢次警告他不要冒險前往，所以蘭陽地方的調查行動備嚐辛苦，而且訪查的部落也有遺漏的情形。

台灣平埔族，是聚居在台灣的平原及海岸地帶達幾千年的原住民族，在清朝領有台灣的二百一十二年期間，清廷從來沒有作過調查、研究。伊能先生發現平埔族擁有獨特的文化，其語言、習俗已經在加速漢化，甚至其人口也正在減少，乃至於有全面消失的趨勢。他說：「如果不趕快作實地訪查並作成紀錄，將來要研究時，只能在蕃社廢墟中暗彈眼淚罷了。」伊能先生在一百多年前所抒發的沈痛慨嘆，從今日的平埔族實況看來，果真被他不幸言中！

因此，他不顧自身的安危，在兵馬倥傯、衛生與治安極差的情況下，隻身為了保存平埔文化而奮鬥。他這一連串的實地踏查行動，記錄了一百年前北台灣平埔族與部落的珍貴原貌，同時開啓了台灣原住民系統研究的大門，實在深具劃時代的意義。

伊能先生在台北市、台北縣、宜蘭縣境內所作的，關於凱達格蘭族、雷朗族、巴賽族、噶瑪蘭族、猴猴族各部落的踏查成果，寫成兼有日記體裁及考證、分析體裁的通信稿，分期寄給他所屬的「東京人類學會」發表於學會雜誌。他的文稿轟動了日本學術界，對於新近納入日本版圖的台灣島上，竟然有與漢族文化迥異的，淳樸、原始的平埔族文化，學術界大為驚嘆。

他在日本統治台灣的兩、三年內，一共寫了數十篇報導性質的文稿，其中的二十八篇，以〈台灣通信〉為總標題刊出。關於台灣北部、東北部平埔族的先驅性踏查記錄，出現在第八、十、十一、十二、十五、十八、十九、二十、二十三、二十四、二十五、二十六、二十八等共十三回的台灣通信稿中；而其餘的各回通信稿，是山地原住民部落的踏查記錄，以及有關漢人與平埔族習俗的專題討論。

這裡所譯出並作充分註解的，就是伊能先生有關北部凱達格蘭族、東北部噶瑪蘭族所作的第一次有系統的踏查實況，實際上已是一個完整的單元，有不可磨滅的學術價值，因此先行譯出，希望對本土文化有興趣的讀者，能從文中管窺昔日台灣平埔族群的真實面貌。

伊能嘉矩有計劃性的平埔族現場報導，只限於北台灣部分，沒有旁及台灣中、南部各平埔族群。已經正式報導出來的雖然不是很多，但都是從第一現場記錄的第一手資

料，其珍貴性與稀罕性也在於此。

　　當他在北台灣做實地巡迴訪問的時候，曾提及正準備寫一本綜合性質的《平埔蕃之人類學研究》，可惜在有生的三十年研究生涯中，沒有餘暇與心力加以完成。但是，他的許多踏勘報告已經指引出平埔族研究的最佳途徑。

　　因而譯註者一直在循著伊能先生所提供的訊息自行摸索，在研究過程中有機會向專業學者請益，尤其是向當代南島語權威李壬癸教授與土田滋教授，以及正從事考古遺址發掘工作，企圖重建包括平埔族的原住民文化脈絡的劉益昌教授請教，受到的指點最多。

　　平埔語的研究在伊能嘉矩的時代，仍是一個起步階段，依現代的語言學水準加以檢視，他所採集的各族語彙與分析語言構成的論點，或許有需要修正之處，但伊能先生獨特的田野方法——採集語言資料的同時，也一併描述採集過程與相關族人的生活環境，使他的語言資料不呆板，鮮活地反應生活。真實地保存第一現場的印象，也是很重要的方法。

　　李壬癸教授在百忙中為本譯作寫序，並指出語言註解的缺漏，譯註者承認是一件無法克服的難事。對於宜蘭地方奇武荖社「戀妻歌」的歌詞含義，李教授作了適切的指正，確實是一個最好的「案例」，讓我們深切地了解到平埔語言的繁複特性與優美。

　　伊能嘉矩的平埔族研究從〈台灣通信〉開始，在後來

的著作中，如《台灣踏查日記》，也有不少的報導。但是他親切地爲後學者指出最佳研究方法的話，卻是出現在這份最早的作品〈台灣通信〉之中。

楊南郡

一九九六年於新店市

〈凡例〉

一、作者原註以圓括號（　）標示，括號內字體不變。

二、譯註分兩種，「小註」隨文夾註，以方括號〔　〕標示，括號內字體改
　　為楷體，以示區別；「長註」則隨文編號，附註於每頁下方備註欄。

三、原文中之西文人名、書名、外國地名、外國土著名等，作者或已轉譯為
　　日文片假名，譯文盡可能予以還原成西文。若無法還原者，則直接譯
　　音，並保留日文片假名。

四、台灣原住民人名、族名、地名、溪名、山名及部落名，作者均採羅馬字
　　或日文片假名拼音，譯文則一律採用比較接近原音的羅馬字拼音，但已
　　有通用中文名稱者，用中文標示，如：kapsiulan〔蛤仔難〕、タオカス
　　部〔Taokas，道卡斯族〕。

五、原文「尺」、「里」、「町」、「間」等均為日制長度單位，其實際長度
　　請參考〈附錄一〉「里程換算表」。惟文中「里」單位，或指「日里」、
　　或指「華里」，譯文中均分別註明。

六、原文中之古地名、族名、部落名，於每章初次出現時，以方括號加註今
　　名，再次出現時，不加註，如：璞石閣〔花蓮縣玉里〕、水返腳街〔台
　　北縣汐止〕。

七、文中常見「某某蕃」、「生蕃」、「熟蕃」、「蕃情」、「蕃人」、「蕃
　　社」、「蕃路」等舊稱。為忠於原著、反映時代背景，並顧及譯文順
　　暢，故不予更改，絕非對原住民有所輕視，敬請讀者諒察。

第一篇
台灣北部、東北部的平埔蕃

第八回
台灣通信

台灣北部、東北部的平埔蕃

《東京人類學會雜誌》
第一二四號
明治二十九年（一八九六）七月二十八日

　　一般所謂熟蕃的現況，在〔北路理蕃同知〕鄧傳安所著的《番社紀略》中有如下的記載：「界內番，或在平地或在近山，皆熟番也。」其實，生蕃可分為數種，顯然地，熟蕃也可分為數種。聚居於生蕃地界附近的熟蕃，並不是那一帶的生蕃後來歸化而形成的，而是幾乎與當地生蕃毫無關聯的別處生蕃歸化後形成的，因此我們很難辨別熟蕃究竟是那一種生蕃歸化而成的。❶

　　下面試舉一例，來說明生蕃與熟蕃的區別。台灣北部、東北部的生蕃，分布於宜蘭至大嵙崁方面的山地，他們所使用的方言雖然多多少少有些轉訛變化，但仍屬於同一種語系；而在生蕃地界附近居住的熟蕃，則使用與生蕃語完全不同的方言，至少在語言的枝葉末梢，是毫無疑問地彼此相異的。❷

　　在熟蕃的族群中，有一支叫做「平埔蕃」(Peipo)。

---

❶ 清人將台灣的非漢族系原住民稱為「番」，並依歸化與否再分為生蕃與熟蕃。日人將「番」字寫成「蕃」，原來的字義不變。日據初期沿用清名，不久以後由於研究人類學的年輕學者伊能嘉矩與鳥居龍藏相繼渡台，才打破了舊時的生蕃、熟蕃二分法，而站在人類學與語言學的立場，將各族群重新分類。

❷ 「宜蘭至大嵙崁方面的山地」，指宜蘭以西到桃園大溪一帶的山地，包括今宜蘭縣三星鄉、台北縣烏來鄉及桃園縣復興鄉，都是泰雅族的地盤。按地名「大嵙崁」，就是桃園縣大溪鎮。

咸豐二年〔一八五二〕陳淑均等人所編纂的《噶瑪蘭廳志》曾經記載：「在近港者，原聚平地，以耕種漁獵，故蘭之化番，或謂之平埔番，以其皆處於平地也」，這是平埔蕃名稱的來由。❸

至於清代武林人郁永河在他的《裨海紀遊》中，曾經描述平埔蕃如下：

> 若夫平地近番，冬夏一布，粗糲一飽，不識不知，無求無欲，自遊於葛天、無懷之世，有擊壤、鼓腹之遺風，亦恆往來市中，狀貌無甚異，惟兩目拗深瞪視，似稍別，其語多作都盧嘓轆聲。

他說平埔蕃的外觀沒有什麼特別不同的地方，可能是因爲他們在衣、食、住方面，已經與在台灣的漢人一樣。

本來平埔蕃的名稱，是出之於「平地蕃人」的意思。平埔蕃並不代表全部熟蕃，也不代表所有居住於平地的熟蕃，只是熟蕃的一支，特別稱爲「平埔」。居住於北部與東北部，介於生蕃地界與漢族地界之間的族群，就是平埔蕃。

依照北部、東北部平埔蕃的傳說，他們是在較晚近的三、四十年前，最早在一百年前才歸附清廷的。距離台北城五、六日里處的北投(Paktao)、馬少翁(Māshyauō)兩個平埔蕃社，都位於北淡水山脈的山麓。當乾隆年間清廷編

---

❸平埔族沿溪聚居。港，就是溪流。

纂《台灣府志》的時候，曾經記載這兩個蕃社的固有風俗，把平埔蕃描述成生蕃的樣子。❹

另外，在東北部的宜蘭方面也有平埔蕃，據說仍然保存著舊時的衣服、器物。跟我同屬東京人類學會的會員田代安定曾經前往宜蘭訪問，並且把平埔蕃的衣服、弓箭，以及做為頭飾的羽毛帶回研究。（平埔蕃舊衣物的說明與現今蕃俗的比較論述，田代先生將另寫專文投稿本會雜誌，我在此不提）。❺

其次談到平埔蕃的語言，我也發現他們多用開喉音，相當於郁永河所說的「都、盧、嘓、轆」等音。如果與台灣北部、東北部的生蕃語言比較，平埔語的結構稍為複雜，能表達細密的意思。生蕃語在北部、東北部各地有方言的分歧轉訛，發音不盡相同；同樣地平埔語也是有轉訛變化，但是主要的語言卻差不多是一致的。

以下將田代先生在宜蘭方面的平埔蕃（共有三十六社）所查出的平埔語，與我在台北附近的北投社平埔蕃所

---

❹北淡水山脈，今大屯火山彙。馬少翁的羅馬字拼音，伊能氏後文修正為 Moshiowon（毛少翁）。

❺伊能氏本文於明治二十九年七月二十八日發表，其實他才於七月二日起訪查大台北地區的平埔族，可能只訪問過北投社與毛少翁社而已，而宜蘭方面的訪查，也直到十月一日才開始。因此，本第八回通信稿大部分是根據清代文獻資料的分析，加以撰寫的。平埔族的實地訪查記錄，自第十回起陸續刊出。另外，田代安定是一八九四年渡台的植物學家，一八九五年台灣割讓後擔任台灣總督府殖產局的技師，後來曾經擔任過恆春試驗所主任，工作之餘率先深入蕃社，進行多次的調查訪問，尤其是訪問到東部平埔族老人關於族群自西部平原東遷的第一手資料，在平埔族研究史上最為出色。

查出的，選其相似的單字，列成對照表，以證實平埔語的
一致性。

漢語　平埔蕃社	宜蘭方面平埔蕃社	台北附近北投社
一	Isa	Sa
二	Lusa	Lusa
三	Tolu	Teilum
四	Supăt	Siwăt
五	Lima	Lima
六	Ninuam	Kenon
七	Pitoo	Kalu
八	Walu	Alum
九	Siwa	Gesa
十	Havutin	Luref
水牛	Kavau	Karavau
狗	Wachu	Washu
豚	Bahui	Bahui
猴子	Hoton	Hoton
鷄	Tolahoph	Talahoph
鴨	Lurava	Kurava

那麼，使用平埔語的人，究竟是那一種民族呢？他們
與居住於北部、東北部山地的生蕃有何種關係？我想除非
今後對與平埔蕃同屬一個group的生蕃（即未歸化蕃），作

歸屬系統的研究，並且與其他的生蕃作一番比較，我們無法遽以論斷。

在此有一件事不可忘記，那就是平埔蕃中某一部分不是純粹的平埔蕃，所以不能算，不過也可以視爲歷史上演化的結果。今日被稱爲平埔蕃的這一群人，包含純粹平埔蕃與模化平埔蕃，他們在歷史上混合在一起。所謂「模化的混淆」，以我們日本人爲例來說明，是這樣的：日本人中含有歷史家所謂「蕃別」，也就是模化日本人的漢人與韓國人。❻

我在北投社訪問到一個六十多歲的平埔老人潘有祕(Poanyūpie)，他的話可以說明模化的過程，引述如下：

> 我們的祖先，是大約在二百年前從唐山的「山西」移殖到台灣的。當時的台灣，人少蕃多，祖先一到台灣，就模仿蕃人，就這樣變成蕃人。在北投附近的我們族人（即平埔蕃），共有二千多人，其中二百人住在北投社。現在的台灣人，是後來從唐山移殖過來的。我們的北投社，是大約在三十年前才歸附清廷的。

我也在北投社附近的毛少翁社，訪問到一個叫翁文卿(Anvunken)的平埔蕃，他的話也引述如下：

---

❻伊能氏創造「模化」這個語詞，含有模仿與同化的意思，平埔族中含有別族，因爲早期與平埔族混居，模仿平埔習俗而被同化，稱爲「模化平埔蕃」；在日本也有，舊稱「蕃別」。

台灣北部地方，原來被東洋人（即日本人）占據。
現在的台灣人，是後來接著從唐山移殖過來的，結果東
洋人退到山區，與蕃人雜居並模仿蕃人。我們部落裡的
人就是這些退居山中的東洋人的子孫。❼

　　上面兩則故事，是北投社與毛少翁社所傳的口碑內
容。俗語說：「盡信書，不如無書」，因此如果採信每一
個口碑故事，將會造成錯誤，但也不能棄之如敝屣。從上
面的口碑故事，可以推斷下列事實：

第一：最初，台灣人少蕃多，而移殖者模仿蕃人而成
　　　爲蕃人，由此我們可以認定因模仿而變成蕃人
　　　的移殖者，就是平埔蕃，除非再溯往移殖以前
　　　的年代，平埔蕃就是台灣原住民的一種。

第二：在歷史上，元朝的人、明朝的人，以及日本人
　　　已經涉足於台灣，這是一般人所熟知的事實。
　　　（就日本人而言，距今約三百年前，《方輿紀
　　　略》一書記載：明萬曆四十四年，亦即日本元
　　　和二年〔一六一六〕，「倭脅取鷄籠之地」。）
　　　那些來鷄籠的人群中，事實上有部分的人，留

---

❼毛少翁社，伊能在文中有時候寫成馬少翁或麻少翁，清代文獻也常有混用
　的情形，其實是平埔蕃社名的不同譯字，指的是同一個平埔蕃社。關於祖
　先的來歷，平埔族的口述常常出現唐山、東洋、山西等地名。譯註者認為
　當時的平埔族，對台灣島外的地方只有模糊的概念，可能受漢人的影響，
　借用「唐山」、「山西」、「東洋」等較為熟悉而通俗的地名，當做海外祖
　居地，我們不能盡信其言，應從民族遷移史及人類學的基礎，做進一步的
　研究。

下來定居，在語言習俗上已經與蕃人一模一樣，這是爲了自己的生存及與蕃人共存所作的適應，應該是無可置疑的。

第三：由於上述的移居、模化的結果，可以想像到原住的蕃人與移殖者之間，會有通婚而生下混血兒的情事。

第四：基於上述理由，現今的台灣平埔蕃，應該可以分爲三類：

第一類——純粹的蕃族

第二類——經模化而形成的蕃族

第三類——雜種的蕃族❽

因爲平埔蕃可分爲這三類，各蕃社的語言、習俗雖然大致上相似，但是身體的外觀互異。《裨海紀遊》所述的「兩目拗深瞪視，似稍別」，可能是指純粹的平埔蕃而言。據說宜蘭方面的平埔蕃多半都具有這種容貌。反過來看大台北地區的北投社和馬少翁社裡的某些平埔蕃，則看不出有這種容貌。我們可以據此推斷口碑的眞實性，而我在第二項及第四項的分析判斷，即使沒有猜對，也很接近事實。

那麼，平埔蕃對自己是怎麼稱呼的？這是研究平埔蕃

---

❽伊能氏來台調查平埔族還不到一個月，就作如此分類，在後來的著述中，沒有再提及，反而進一步做科學的分類，把平埔族分成十族，上面的三分法，實際上是根據平埔族口碑做成，並非他的定論。

所必須查明的。他們一直沿用漢人對他們的稱呼，也自稱「平埔蕃」。

我們的陸軍參謀本部所編纂的《台灣誌》，曾經有下列記載：「距離淡水五十浬的東海岸，叫做Saobei，其地入口有兩個村落，原是平埔蕃割據的根據地。」對於這種肯定的說法，我想不無疑問。因為純粹的平埔蕃，分布在北部的比東部還要多，而且在山麓的比在海岸的更多，他們的根據地寧可說是在北部的山麓。❾

《台灣誌》又說：「平埔蕃的父母，分別是漢人與生蕃。」其實，平埔蕃是一般稱為熟蕃或歸化蕃的一支，並不是指血緣上與生蕃有任何關係的意思。由於轉變為歸化蕃的過程中，自然產生雜種，但是雜種的混入，早在平埔蕃內部即已發生，不只是平埔蕃，甚至其他的熟蕃也都有這種情形。為了避免誤會，我順便提出了上面的辨正。

末了，抄錄一段《噶瑪蘭廳志》關於宜蘭地方平埔蕃的記載，供考證時參考。

　　熟蕃（伊能氏原註：宜蘭地方的歸化蕃只有平埔蕃一種，因此熟蕃即平埔蕃。）：自嘉慶十五年〔一八一

---

❾日本陸軍資料所顯示的地點，如果按照五十浬的距離來判斷，應該是北部海岸鹽寮或其東的海岸。伊能氏後來調查當地的三貂社平埔族，發現其故址（亦即舊社）就在海岸那裡，修正了本文的說法。至於地名Saobei，出處不明。譯註者認為平埔族在最早的年代，是以漁撈為生，像北部巴賽族、凱達格蘭族，甚至東北部噶瑪蘭族，原來都住在海岸溪口，後來因為漢人向海岸一帶的平地入墾，才逐漸退到山麓地帶，與山地原住民為鄰的。

〇〕，總督方惟甸過台，行至艋舺，即有噶瑪蘭番頭目包阿里等，帶領加禮遠等社番，叩送戶口清冊，業已遵制薙髮，呈請收入版圖，並請照例設立通事，得免欺凌。查番性善攀緣，好住山巔，以延睇遐矚。蘭地三十六社，化番獨散處於近港左右，以漁海營生，負性愚魯，不知耕作，所有餘埔，漢人斗酒尺布即騙得一紙贌字。又不識漢字，所有贌約，即係漢人自書，但以指頭點墨為識，真偽究係莫辨。而所贌耕之草，尤貪得無厭，雖立有贌約，至墾透後，應納租穀，居多糾纏不清。❿

---

❿本第八回通信中，除了上面所譯出的「台灣北部、東北部的平埔蕃」一節以外，還有兩節分別為「漢人想像中的蕃人」與「既歸化、未歸化蕃」，都是討論平埔族以外的山地原住民族，與平埔族踏查記錄無關，故譯文從略。

第二篇
淡北方面平埔蕃的實地調查

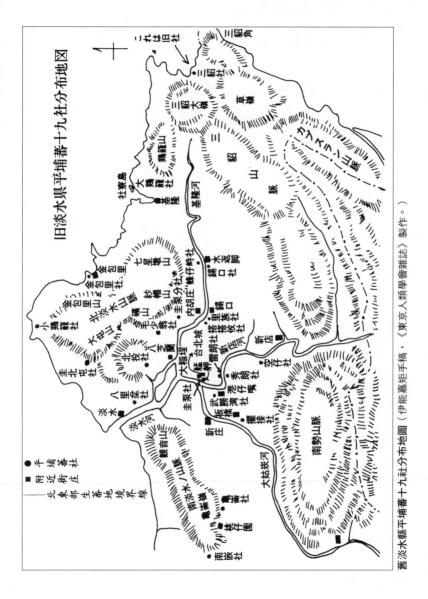

旧淡水県平埔蕃十九社分布地図

舊淡水縣平埔蕃十九社分布地圖（伊能嘉矩手稿，《東京人類學會雜誌》製作。）

第十回 台灣通信

淡北方面平埔蕃的實地調查（一）

《東京人類學會雜誌》
第一二六號
明治二十九年（一八九六）九月二十八日

以南北方向縱貫台灣島的脊樑山脈，其北端止於淡北火山彙，這些火山型山峰起伏相接，造成北部地形變化的基因，溪谷分布於山間，有原稱淡水蕃社的蕃人居住，構成「淡北蕃社群」的一部分。

依照文獻記載，大屯山南麓的丘陵與平原，原來有許多蕃社分布，由於漢人的入墾其地，蕃人的居地大部分被侵占，目前只剩下台北城北方約四日里處，也就是礦山山麓的北投社(Paktao)，與台北城北方三日里處的紗帽山麓再向西南方延伸二日里處的毛少翁社(Moshiowon)。這兩個蕃社的蕃人，一直被入墾的漢人稱爲「平埔蕃」(Peipo)，也就是「熟蕃」的一支。❶

今年〔明治二十九年〕七月二日、十二日兩天，以及十五日、十七日、三十日三天，我分別到北投社與毛少翁社。實地調查的結果，發現平埔蕃的習俗與語言，都已經被漢人同化了，而且通婚的結果（雖然與漢人通婚的例子不多），年輕的平埔蕃在體格與面貌上，已經看不出與漢人有什麼區別。外在的變化既然如此，要深入研究過去的平埔蕃的狀態，尤其感到困難。然而他們易俗歸化的時間，爲時不到六十年，所幸仍有一些遺老還記得昔日的生

活習俗與古語。現在假如不趕快作實地訪查並作成記錄，以後要研究時，也只能在蕃社廢墟中暗彈眼淚罷了。主要的原因是平埔蕃的生活習俗，已經在加速變化，隨著劇變的腳步，人口已有減少乃至於全面消失的趨勢。台灣的平埔蕃，不久將步上澳洲塔斯馬尼亞人衰亡的後塵，是無庸置疑的事實。因此，我將調查中所見所聞，據實記錄下來，做為關聯性的資料，供今後研究漢族殖民以外的土著者的參考。

一、新舊平埔蕃社的比較與口碑

北投社與毛少翁社，目前已經和移殖的漢人部落接

❶淡北火山彙，今稱基隆火山群與大屯火山群。所謂淡水蕃社，屬於凱達格蘭族，占居淡水河北岸，淡水港附近，西班牙占據淡水港（Casidor）時代，稱為Senaer或Chinar社，其故址今稱庄仔內（長庚里）。淡水社在一六三六年因殺害宣教師而被西班牙消滅。清代以後只留社名，蕃社已消失了。日據初期所謂「磺山」，是今台北市北投山區的總稱。北投社分為八、九個小社，占居今日舊北投社區，又稱「內北投」，西邊以嘎勝別社（Harape）與關渡毗連，由關渡以東的基隆河舊河道北岸支流，駕船出入，是當時最「內陸」的平埔族蕃社。毛少翁社，其原址在基隆河舊河道畔的三角埔、社仔一帶，後來發生大地震，居地陷沒，向北遷到南磺溪東側的三角埔，紗帽山西南側，現在的天母一帶，其地屬於八芝蘭（士林區）範圍內。伊能氏調查的時代，台北近郊的地理一般人都很陌生，因此伊能氏敘述時難免有牽強之處。其實北方的淡水一帶，還有大屯社和圭柔社。依照安倍明義的《台灣地名研究》的說法，大屯社又名大洞山社或圭北屯社（Keipakton），原來位於大屯山主峰西北稜稜尾的舊蕃社前一帶，也就是今日淡水鎮屯山里的位置，近三芝鄉界。圭柔社或雞柔山社（Keiyusoan），原址在淡水北方的圭柔山附近，今淡水忠山里，後來移居更北的地方，併入大屯社；而原來位於今日淡水鎮北投里的「外北投社」（又稱北投仔，是個舊社），附近有地名「番社角」，也併入大屯社，合稱「圭北屯社」（Keipakton）。合併後社蕃集居於屯山里，亦即大屯社舊址內。伊能氏後來曾經補述近淡水海邊的大屯、圭柔等蕃社。

近，彼此的來往很方便。古時候平埔族居住的地方，有茂密的森林和低矮的荊棘灌木，除了社蕃出入以外，幾乎是人煙絕跡的地方。下面先引述清代《裨海紀遊》中有關北投社的記載，以了解當時的情形：

余問番人硫土所產，指茅盧後山麓間。明日拉顧君偕往，坐蟒蔀中，命二番兒操楫。緣溪入，溪盡為內北投社，呼社人為導。轉東行半里，入茅棘中，勁茅高丈餘，兩手排之，側體而入，炎日薄茅上，暑氣蒸鬱，覺悶甚。草下一徑，逶迤僅容蛇伏。顧君濟勝有具，與導人行，輒前；余與從者後，五步之內，已各不相見，慮或相失，各聽呼應聲為近遠。約行二三里，渡兩小溪，皆履涉。復入深林中，林木蓊翳，大小不可辨名；老藤纏結其上，若虯龍環繞，風過葉落，有大如掌者。又有巨木裂土而出，兩葉始蘗，已大十圍，導人謂楠也。……樹上禽聲萬態，耳所創聞，目不得視其狀。涼風襲肌，幾忘炎暑。復越峻坡五六，值大溪，溪廣四五丈，水潺潺巉石間，與石皆作藍靛色，導人謂此水源出硫穴下，是沸泉也；余以一指試之，猶熱甚。

由上文可知，所謂命蕃童駕小舟到北投，原來是沿淡水河航行的，靠岸的地點，就是北投社以南的某一個河岸蕃社。

根據《淡水廳志》，淡水河下游的「艋舺」街名，是蕃語Mankā的譯音，而《台灣府志》解釋「艋舺」為蕃

舟。至於《裨海紀遊》裡所謂「蟒葛」，與艋舺同音，因此把「坐船前往」說成「坐蟒葛前往」。我們暫時不提是那一個蕃社所用的名詞，但可以推知現在的台北城附近，原來是平埔蕃的居地。（北投社蕃把蕃舟稱爲Kevekshā，但目前三貂嶺山腳的蜂仔峙社的社蕃，則稱爲Mankā。）

北投社分布在大屯山彙磺溪所出的溫泉溪北岸綿延約一日里的地方，共有三十戶，男六十四人，女五十三人，人口一一七人（這人數包括混居於社內的漢人）。

毛少翁社分散於自北方山麓起向西南方河岸平原延伸的一帶，現在有漢人建立部落於其中，把蕃社截成北方山麓與西南平原兩處。北方部落現在只剩下四戶，五男十女，共十五人；而西南部落也只有七戶，男十八人，女十七人，共三十五人。毛少翁社目前從外表看起來，是兩個不同的部落，是研究聚落地理變遷的好材料。現在有老蕃回憶說，年幼的時候，部落的戶數與人口，比現在多出幾倍，可見居住區域的縮小，會導致人口的減少或消失。

關於北投社與毛少翁社的歷史口碑，我曾經在第八回通信中有關考證平埔蕃的文中敘述過。這次我訪談了北投社頭目林烏凸(Limōpon)。他說他今年五十四歲，雖然不能確切地說明以前的習俗，但確認歷代的祖先是頭目。他自稱爲「開台祖北投社平埔蕃」。❷ 頭目的妻子深目高顴，與一般漢人婦女比較起來，面貌上大不相同。頭目的

---

❷伊能氏直接引用台語，意思是「北投社開基祖的後裔」。

妻子還記得很多蕃語。

　　我在毛少翁社，訪談了一位八十五歲的老婦，她的臉貌特徵和狀況很像北投社頭目的妻子。她說：「我們蕃社的開基祖是東洋人(Tanyyan)，名叫Kivāo，是Vakito-nonan的兒子。Kivāo曾經駕船航海，船被強風吹襲而漂流到本地。」按「東洋」是住在台灣的漢人對我們日本人及琉球島民的稱呼。以前這毛少翁社的社蕃翁文卿(Wonvunken)曾經談起一則口傳故事，說本社的社蕃都是遷入本地的日本人後裔。老婦的話很像翁文卿的談話內容。當然，這樣的口碑故事沒有確切的證據，我們不能以一面之辭，做全面性的肯定，但從這一則故事，可以證實毛少翁社的祖先最初是從海外移居台灣的。

　　在我撰寫本文時，我的一個老同學，把東京地學協會收藏的《台灣諸島誌》第八章〈住民〉的部分寄給我看了。內文記述平埔蕃的來歷是這樣的：

　　　　這個平埔蕃又說，他的祖父和伯祖原來是Calabar的土人，被白人雇用為大船的水手，這隻船航行到台灣東岸時，被風浪吹毀，船上的其他水手都被岸上的土人殘殺。土人的頭目聽到這對兄弟的慘叫聲，一看才知道是同種的人，便赦免了他們。頭目後來讓他們各自挑選蕃女成婚，所生的子女也成為台灣平埔蕃了。

　　老同學指出毛少翁社蕃所說的Kivāo，與書上的Calabar諧音，而且登岸的地點是台灣東部，因此兩則故事的

內容很像。我認為所謂Calabar是西非沿岸的一個地方，這個故事顯示有非洲的人移居台灣。《台灣諸島誌》的記事，原來是駐清國的英國領事館員George Taylor調查報告的引述，只說是平埔蕃，但沒有指出是那一個地方的平埔蕃。因此關於這個推論，我不想在此表示贊同與否，先附記於本文中，以後有機會再校修本文時參考。

我在毛少翁社訪談的這位老婦又說：

> 現在我們的蕃社有這樣的漢人習俗，它的起源可以追溯到六十年前我二十五歲的時候。那時候每年八月五日或十日的吉日，是蕃社會飲的日子，漢人攜酒到我們蕃社來宴請社衆，以後就變成例行的事了。

由此可知，當時的清廷採用馭撫的手段，期使平埔蕃早日歸化。

二、平埔蕃與漢族殖民及生蕃之間的關係

依照我在北投社與毛少翁社調查所知，平埔蕃與漢族都認為他們不是同族。平埔蕃說自己是平埔蕃，不是台灣的漢人；而住在台灣的漢人，則說平埔蕃是蕃人，不是漢人。平埔蕃自稱「蕃」，是因為歸化的時候，被漢人叫做「住平埔的蕃人」，因此他們也採用了平埔蕃的名稱。❸

如今他們已成為歸化蕃，也就是熟蕃。無論日常生活

---

❸台語「平埔」，是平地的意思。

中的衣食住行與語言，都已經與漢人無異，但是他們與漢人之間，還有一條明顯的界線。平埔蕃的部落與我們日本內地的「穢多村」❹一模一樣，雖然平埔蕃和漢人，或多或少有來往、通婚、混居的情形，我們仍然可以看出不同民族之間的一些隔閡。事實上，行政上的地名判然有別，漢人所住的地方叫「北投庄」，而歸化蕃人的部落，則叫「北投社」；漢人的居處叫庄，蕃人居處叫社，這是漢人舊思想的遺留。《淡水廳志》也說：「稱社者蕃居也，稱堡者民居也。」

七月二日，我展開北投社的實地調查時，在北投庄雇用了一個十四歲的漢族少年當嚮導。當我們從溫泉溪的下游過溪時，我一看到田裡似乎有人家，就問隨行的少年：「那是人家嗎？」他卻回答說：「不是人家，是蕃家。」雖然他的答語是一種觀念上的錯誤，卻足以讓我們推想住在台灣的漢人與平埔蕃之間的關係是如何。

〔噶瑪蘭廳通判〕柯培元的〈熟蕃歌〉，並非只歌詠淡水社方面的熟蕃而已，這首歌謠的內容，讓人了解到漢人與平埔蕃的關係究竟是怎麼樣。原文引用如下：

人畏生番猛如虎，人欺熟番賤如土，
強者畏之弱者欺，無乃人心太不古！
熟番歸化勤躬耕，山田一甲唐人爭，

---

❹日本封建時代被歧視的賤民所居住的村落。

唐人爭去餓且死，翻悔不如從前生！
竊聞城中有父母，走向城中崩厥首，
啁啾鳥語無人通，言不分明畫以手，
訴未終，官若聾，竊視堂上有怒容，
堂上怒，呼杖具，杖畢垂頭聽官諭。
嗟爾番，汝何言？爾與唐人吾子孫，
讓耕讓畔明弗遵？吁嗟乎！
生番殺人漢人誘，熟番翻被唐人醜？
爲父母者慮其後！

　　平埔蕃和生蕃（例如台北附近的大料崁、新店的生蕃）同樣被稱爲「蕃」，但是兩者之間可說是幾乎沒有關聯的。平埔蕃知道他們的居地附近住有生蕃，而且很害怕他們。平埔蕃不相信自己是和生蕃同族。雖然如此，我意外地在北投社的平埔蕃頭目林烏凸家，看到一件生蕃的衣服，這種衣服，大料崁蕃語叫Latan，很像日本武士作戰時穿的「陣羽織」，頭目把它加裝漢式鈕扣，目前仍在使用。我問他是不是自己裁作的，對方回答說：「不，從內山帶來的。」（平地人把生蕃地界稱爲「內山」。）頭目把生蕃的衣服修改後再穿，可以證明他們與附近的生蕃有密切往來。雖然平埔蕃有口碑，說以前他們屢次與生蕃交戰過，但從這一件衣服也可以推斷，當時生蕃的居地，應該比現在更加接近平埔蕃的部落。

三、平埔蕃的體質與相貌

我不認為北投社和毛少翁社的平埔男子，有什麼特殊的體質和相貌，有時候感覺他們和漢族殖民一樣。至於女子卻都有某一種特徵，越是年長的女人越有顯著的特徵，年紀越輕，特徵越不明顯。平埔女子的特徵如下：

(1)頭部：頭幅寬廣，前額平坦
(2)臉部：a 眼眶明顯地陷入
　　　　　b 鼻樑多半沒有顯著隆起
　　　　　c 顴骨突出
　　　　　d 嘴巴大
(3)全身：a 體毛少
　　　　　b 皮膚帶有黃褐色

四、平埔蕃的性情與行為

北投社與毛少翁社的平埔蕃是純粹的歸化蕃，也就是熟蕃，所以他們的習俗、語言已經和台灣的漢人相同，但是性情與行為多多少少不同。為了觀察他們的性情與行為，我訪問了北投社中約略三分之二的家庭，以及毛少翁社的每一戶家庭，親自與他們交談過。

這些淡北方面的平埔蕃，本性樸實而溫順，能夠以自己為表率，努力於工作並維持儉樸的生活，他們與近鄰和睦相親之情，是漢人所不能望其項背的。

事實上，當我到北投社巡察的時候，頭目林烏凸雖然正在田間忙於收割稻米，卻親自爲我負起嚮導工作，我們所到之處，每一戶蕃家的人都出來迎接，端出茶水與糕餅請客，款待客人的作法無微不至。

我第二次到北投社頭目家的時候，印象更加深刻。談話中，烏凸的妻子忽然離席，原來是到牛棚擠奶，她用螺碗盛滿剛擠出來的牛奶給我喝。烏凸往日仍是生蕃的時候所用的一個藤籃，以及他的妻子當年使用的胸飾，也就是用管玉串連的珠片，都被拿出來給我看，我大大地讚賞了一番。頭目夫婦將這兩件古物親手交給我，說是當做親善的信物。我回答說既然堅持要我收下來，我會永久保存，頭目的隆情厚誼，我永遠不會忘記，就這樣把贈品帶回平地了。

另外，最令我感動的是：以前曾經有過一個名叫Poanyupie的北投社蕃，當他到台北的時候，我把他請到我家裡來幫我研究蕃語，課餘曾經給他酒食。這次我到北投社想要找這個人，因爲忘記了他的名字而在部落徘徊；正因爲找不到人而遺憾時，看到一個老人從田間走過來，我發現正是Yupie老人。他一看到我，就跑過來握我的手，連說「好，好」，看他出之於眞誠的快樂，我也感動得咽泣起來。他說在田裡割稻，從遠處就看到我的模樣，想起往日會面的事，馬上停下工作跑過來的。

我也想起以前到過毛少翁社，有一位八十五歲的老婦

親自出來迎接。當時我問她舊時的習俗，老婦竟然感動得手舞足蹈，很熱心地描述舊時的情景。

　　平埔蕃他們大都信仰耶穌教，性情與行爲比漢人更加優秀，可能是宗教的感化作用所致。清廷統治的時代雖然保留蕃社名，但平埔蕃與漢人一般都享受同樣的待遇，似乎也受過相當高的教育。實際上，毛少翁社的翁文卿是一個秀才。一般來講，漢人缺乏科學思想，但是烏凸的家裡，牆壁上掛著一幅世界地圖。我指著地圖問他時，他能夠回答說「這是台灣」、「這是日本」，也能指出英國在那裡，由此可知平埔蕃開化的一端。

五、平埔蕃目前的生活習俗

　　《理台末議》裡提及「歸化土蕃散處村落，或數十家爲一社，或百十家爲一家。」平埔人家散處於各村落的現狀，在北投社、毛少翁社就可以看到。他們和村落內的漢人一樣，住在土角爲壁、茅草爲頂的台灣式農家（屋頂很少用瓦片），穿著漢式衣服，享用漢式的飲食，也使用廈門語系的北台灣漢語。他們的房屋比漢人的房屋更加整潔。男子和漢人一樣辮髮，而北投社的女子則把頭髮從前額分梳，在後腦束成兩絡挽在頭上，用黑布巾包纏起來。在毛少翁社所見到的老婦都做這樣的結髮，但是三、四十歲的中年婦人，則學閩南式的結髮。在毛少翁社，我問起這結髮的由來，他們說老婦的式樣才是傳統的。

《淡水廳志》裡記載淡北的蕃俗說：「蕃婦頭無妝飾，以烏布五尺蒙之，曰老鍋。」書上的記載與我在毛少翁社所見到的，剛好是一致的。北投社的女子都不纏足，而在毛少翁社裡，老婦不纏足，只有學漢人結髮的中年婦女才纏足。社蕃都從事農業，少數的人從事商業與勞力工作。

六、平埔蕃過去的生活習俗

我曾經在毛少翁社的北方部落和西南方部落，分別訪談了一位八十歲與一位八十五歲的蕃婦。她們對早期的風俗記得很清楚，講述的內容可以分成幾項，概括地說明如下：

(1)房屋

都是木造的，無論是屋頂、牆壁、地面，都使用木材，屋子不高，稍爲屈身而入的程度，從地面挖深三尺。屋內沒有桌椅，地面上鋪以木板，木板上再鋪蓋草席，一家人在草席上蹲踞或睡覺。

(2)飲食

以米、番薯、芋頭、鹿肉、鷄肉爲主要食物。他們使用淺底的陶鍋，肉類、番薯、芋頭一起放進去，加些鹽巴調味，煮成一鍋。爐灶在屋角，挖一個坑就行了，燒木柴，煮好後不用碗筷，用手取食。釀酒的方法是將糯米蒸

熟，大家把它放進嘴巴裡咬嚼，然後吐入木桶，貯存若干時日讓它釀酵。我問她們蕃酒與漢人釀造的酒，那種比較好？她們回答舊時的蕃酒味道比較好。飲酒時，使用螺碗（用大貝殼製成），有時兩人並肩共杯而喝。

(3)衣服

上衣與身高等長，筒袖，合衽，用帶子束於腰際。女子另外使用寬布纏腰為裙。男女都用黑布或褐色的布包頭，腳穿鹿皮鞋或布鞋。我向她們問鞋子的形狀，她們指著我穿的平底鞋，說差不多那個樣子，不過有些不同。

(4)裝飾

女子的髮式，與我所訪談的老婦一般（已如上述），但是男子則束髮於後腦，頭髮太長時，剪到適當的長度。他們用瑪瑙或貝珠串成胸飾，佩於胸前。耳朵上穿八、九個洞，如 ⌇，上面飾以漢人常用的小耳環。

(5)工作與器物

男子主要從事耕獵，女子在屋內編織草席。他們使用鏢槍、番刀、弓箭；也彈「嘴琴」為樂；也用火石與鐵片打火，引燃枯葉及乾木心。北投社蕃把燧石與鐵片稱為 Rukat。標槍的形狀如 ⏃，附有長柄。

(6)行為與儀式

歡樂至極時，互相用手捶打自己的胸膛及對方的胸

膣；甚至幾個人手拉手圍成一個圓圈跳舞；有時候，一個人一邊彈琴，一邊扭腰跳舞；有時候合唱歡樂歌。他們的舞蹈，叫做Mata^{n}ga。

婚嫁的風俗是這樣的：對象的蕃女還幼小的時候，就由中意的男方贈送珍珠，做為婚約的信物，而所獲的珍珠，女方保留到結婚的時候，才做成飾物。結婚的方式有兩種，也就是男方娶女，或男方入贅於女家。結婚的日子，大家吃牛肉或豚肉並喝酒以示慶祝。社蕃如果與有夫之婦通姦，女方丈夫會糾集社衆，到姦夫的家加以破壞，並沒收他的家財，以懲罰通姦的罪行，所沒收的東西都分給社衆。我訪談的那位八十五歲蕃婦說，在她的毛少翁社裡，過去僅僅發生過一件通姦事件。

關於喪葬，蕃人過世時，用木板製造長方形的粗棺，收殮後葬於屋前或屋後，生前所使用的東西，都掛在墓前。近親的親屬都頭戴山麻皮，服喪三天。

就刑罰來說，如果有人犯罪，頭目依照罪行的輕重，加以處置，輕者用木棍施打，重者吊在樹上示衆，再犯的人被逐出部落之外。

(7)思想

他們對自然現象有些觀念：對於天上的至高神天公，雖然沒有清晰的概念，但認為雷聲是天公的哭聲，一陣雷聲後會下雨，也就是天公在流眼淚。他們也相信地下有一隻巨大的牛，地震是由於地牛翻身而引起的。❺

平埔蕃相信死人的靈魂存在於人間，因此生病的時候，只要向祖靈祈禱，病就會好，而掌司祈咒的人，通常是專職的蕃婦。❻與我談話的這位八十五歲老婦說，她通常會把珍珠、米粒、銀塊排列起來祭神，又說有時候讓病人服用草藥治病。

平埔蕃看到草木發芽，而知道年歲的更迭，但沒有明確的日期觀念。因此，如果約定幾天後做什麼事，都要在約定的日子開始結繩，按日數打相等的繩結。

(8)與生蕃交戰

根據年老的蕃婦說，往日常常受到內山生蕃的攻擊，而引起戰爭。當時生蕃也居住在接近平埔族部落的近山，而不像現在遠居於台灣東北部的內山。老婦的這一句話，值得我們思考蕃族聚居地的變遷問題。

以上平實地記錄了平埔老婦的談話內容。以下抄錄《淡水廳志》中有關淡北的蕃俗，供對照參考。《淡水廳志》完成於清同治十年，相當於我國明治四年，也是訪談平埔蕃遺老而記下的實地見聞，內容和我的訪談記錄差不多一致，可見淡北一帶的平埔蕃習俗，屬於同一個系統。

> 其居處也，淡北地濕，或梯而入，鋪木板於地，亦用木板為屋，如覆舟，極狹。

---

❺地牛翻身，似乎是漢人的民間信仰，由混居於平埔部落的漢人所傳入；也有可能是漢人地牛的傳說，來自平埔族的信仰。
❻所謂掌司祈咒的蕃婦，就是尫姨。

其飲食也，淡北不事耕作，米粟甚少，日餐俱薯芋，餘則捕魚、蝦、鹿、麂，採紫菜、通草、水籐交易，爲日用、輸餉。亦用黍，嚼碎爲酒。

其衣飾也，淡北番婦頭無妝飾，以烏布五尺蒙之，曰老鍋。頂上挂瑪瑙珠、螺錢、草珠，曰眞好贅。耳鑽八、九孔，帶漢人耳環。每年更新衣，曰換年，會衆飲酒。

其婚嫁也，淡北既娶曰麻民，未娶曰安轆，自幼以珠粒爲定，及長而娶，或招贅者，屆期約諸親，宰割牛豕，以黍爲粿，如嬰兒狀。夫婦相娶，白首不易。婦與人私，則將姦夫父母房屋拆毀，倍罰珠粒，分社番，以示家教不嚴。未嫁娶者不禁。

其喪祭也，淡北番亡，用枋爲棺，瘞於屋邊，以常時雜物懸於墓前，三日外，合家澡身除服，又與別社期年三月十日者不同。

其器用也，淡北無田器，耕以鋤。平時所佩者，鏢、刀、弓箭之屬，所用者木叩螺碗之類。

我在北投社所採訪到的資料，與上述記載大致相同。北投社內仍然有人保留著舊時代的遺物。我獲贈的東西，包括一個蓋子是扁平而圓的籐製籃子，現在台灣東北部的生番，把它稱爲Wāyǎᵏ，遠行時用這種籐籃置放食物；另一個是用管玉型的瑪瑙或玻璃似的珠類串成的，原來是做爲胸飾的串珠殘片。

北投社番所給的衣飾、器物名稱，列舉如下：

Kava（衣衫）　　　　　　Thrukon（褲子）

Vahoi（鞋子）　　　　　　Viteta（腰布型的蕃裙）

Michsh（耳環）　　　　　Vatenen（頸環）

Karuse（手環）　　　　　Kahao（頭布）

Pahash（槍）　　　　　　Nanpie（頸飾上的串珠）

Muregen（刀）　　　　　Kanekun（頸飾上的串珠）

Nentsksa（弓）　　　　　Dyarivuksa（箭）

Pahon（傘）　　　　　　Shivupuan（帽子）

Narau（木棍）　　　　　Tan（錢）

Pila（金、銀）　　　　　Halura（鐵）

Monkă（桌子）　　　　　Haruren（椅子）

Vatsusan（木炭）　　　　Mavokuse（棕簑）

Kwasesewu（腰帶）

Pashimon（方巾布，生蕃所用的袈裟衣）

Movosek[a]（蕃袋，生蕃語為Taokan）

　　北投社蕃的語彙裡留存著這些語詞，可見在某一個時代至少有這些觀念（至於這些器物是否真的使用過？那些是平埔蕃固有的？或者，那些是由外地傳進來的？在此無法推斷，所以略而不談）。他們的習俗幾乎是以加速度在變化，舊態已不存，似乎是一個事實。

　　例如《淡水廳志》蕃俗篇有如下的記載：

　　　　風俗之移也，十年小變，二十年一大變。淡水番

黎較四邑爲多。乾隆二十九年以前，郡志所錄，類多耳所未聞，目所未覩。今自大甲至雞籠諸番，生齒漸衰，村墟零落。其居處、飲食、衣飾、婚嫁、喪葬、器用之類，半從漢俗。即語通番語者，十不過二三耳，誘而馴之，罔不遵禮義之化也。

按：《淡水廳志》於同治十年纂成，距離乾隆二十九年有一○七年，其間風俗的變化是這樣快速，根據這本舊志來調查平埔蕃性情與行爲的由來時，多少會遭遇到困難，但是我可以認定：對於平埔蕃的學術研究還是有價值的。

七、平埔蕃固有的語言

如前所述，北投社和毛少翁社的平埔蕃，還保留著已成死語的固有語言，如今，除了六十歲左右的耆老外，一般人都忘記了自己的語言。即使是還記得的人，也不一定會說全部，而且所說的話不一定全部相同。

根據我在北投社所調查的結果，平埔語除了簡單的語詞以外，全被遺忘了。耆老之中有人還記得一些簡單的語言，好像是一堆火的餘燼照亮黑暗，給人種學的研究提供一些材料，這是我最感到愉快的事。

在此無法逐一示例，但我將平埔語的數詞與馬來語的數詞並列，因爲馬來語可能是平埔語的源流。

漢語	平埔語	馬來語
一	Tsa（或Isa）	Sa'
二	Lusa	Dûa
三	Pinum	Tiga
四	Shiwa	Ampat
五	Chima❼	Lima
六	Kenon	Anam
七	Giruk	Tujoh
八	Kippat	Dilapan
九	Gesa	Sambilan
十	Luka	Sapûloh
百	Likitsu	Saratus
千	Luraha	Saribu

其次，將平埔語的片語舉例如下：

Kumman（吃）　vara（米）————（吃飯）

Kumman（吃）　nanun（水）————（喝水）

Malula（白）　wachu（狗）————（白狗）

Tapan（紅）　mokosa（花）————（紅花）

Mosen（好）　munu（人）————（好人）

Voko（壞）　yalusa（小孩）————（壞小孩）

Haluhuka（樹枝）　nagen（竹）——（竹枝）

---

❼此處的「五」，原文寫成"tan"，似乎為"Chima"之誤。參照〈淡北方面平埔蕃的實地調查（二）〉第五節「固有的語言」（本書一〇一頁）。

毛少翁社的社蕃中，記得固有語言的人不多，所記得的語詞多半與北投社蕃的相同，雖然有若干差異，但大都是同一語詞的轉訛。舉例如下：❽

頭	Utsu	Muku
眼	Mata	Mata
耳朵	Volo	Molo
鼻子	^{n}Gugo	Mugo
嘴巴	^{n}Ga^{n}ga	^{n}Ga^{n}ga
手	Chima	Chima
腳	Hai	Hai
肚子	Tten	Tten
父	Tama	Tena
母	Tena	Tama
祖父	Vake	Vaki
祖母	Vaye	Yavai
子	^{n}Ganak	——
孫	Munu	——
兄	Kāka	Kāka
弟	Soani	Soani
男	——	——
女	Minai	Minnai

其中，兩社對於父、母的稱呼，有對調的情形，這可能是誤記。有些語詞是有很大差異的，例如北投社蕃稱

「善」爲Mosen，而毛少翁社蕃則稱爲Masara；北投社蕃稱「惡」爲Voko，而毛少翁社蕃則稱爲Hahoi。不過這樣的例子不多。兩社蕃都將「手」稱爲Chima，「米」稱爲Varât。Chima似乎來自馬來語的Lima，而Varât來自馬來語的Bras，因此就平埔蕃語來說，我可以斷言兩社的平埔語同屬一種語言，或者更明確地說，屬於同一語系，與馬來語及馬來語的同系語言有密切的關係。

我可以附帶地說，這兩社蕃人都稱煙草爲Tamako，由此可以推測他們的歷史關係。我在北投社與毛少翁社調查的結果，歸納如下：

第一、熟蕃中的平埔蕃，在各方面向鄰近的漢人模仿同化，模化的程度越高，所喪失的固有性質就越多。

第二、就平埔蕃今日的處境而言，也就是易風同化的情形，可以在菲律賓呂宋島上的Tagal族，找到同一類型（這種類型並不是族群系統方面的意思）。

第三、熟蕃中的平埔蕃已喪失他們的固有性質，同時人口也朝向減少的趨勢。

第四、熟蕃中的平埔蕃，他們的固有語言有近似馬來語系的痕跡。

---

❽伊能氏只舉例說明毛少翁社與北投社語詞的差異，但是沒有指出左、右並列的語詞，到底是分別屬於那一個蕃社。

第五、熟蕃中的平埔蕃有自己的口碑，他們傳說遠古
　　　時代祖先有意或無意間從別處移居台灣島。

《東京人類學會雜誌》

第一二八號

明治二十九年（一八九六）十一月二十八日

第十一回 台灣通信

淡北方面平埔蕃的實地調查（二）

　　縱貫台灣島的中央山脈，有一支脈向東伸展，將淡北地方與宜蘭地方分界，稱爲三貂山脈。而基隆河發源於這山脈北端的西麓，介於淡水與三貂兩條山脈之間，流入淡水河。❶

　　在基隆河沿岸，也就是三貂山脈西麓低地，有四個平埔蕃社，分別是搭搭攸社(Tatayū)、里族社(Litsop)、蜂仔峙社(Pangasie)，以及錫口社(Syakao)。我到各社調查的日期是這樣的：七月二十六日里族社、二十八日里族社及搭搭攸社；八月七日錫口社、九日錫口社及蜂仔峙社。❷

　　在淡北方面各平埔蕃社所見到的情形，大致相同，現在就他們的樣貌、與生蕃及移殖漢人之間的關係、性情行爲、現在的習俗等各項，記錄特殊的要點，而略去一般性

---

❶所謂三貂山脈，是雪山山脈東北段阿玉山支脈的尾端，今稱三貂山地與草嶺山地；而淡水山脈目前地理學上不如此稱呼，應該是指橫亙北部的基隆火山群與大屯火山群而言。

❷搭搭攸社原址在基隆河南岸，今台北市松山區金鳳里與玉鳳里，漢人入墾後社衆遷至北岸北勢湖，即今內湖區西湖里。里族社原址在基隆河南岸，松山區舊宗里，後來遷至北岸內湖區石潭、五分、內溝、碧山諸里，也就是內湖區東南方至東北方邊境。蜂仔峙社則在台北縣境內，今汐止的位置，位於基隆河南岸，漢人入墾後社衆遷至北岸的「北港口」。錫口社，是貓里錫口社的簡稱，舊社在台北松山，後來遷到汐止的樟樹灣，建立錫口新社，漢人稱新社爲「番仔寮」。

的觀察。

一、現狀與口碑

搭搭攸社位於基隆河邊的內湖庄對岸，現在擁有十一戶，男女共五十四人。五、六十歲以上的蕃婦，現在仍然按照舊俗束髮，其他年齡的婦女都學閩南式的結髮而且纏足。我只看到頭目潘正房(Poanchyonpan)的女兒，大約十五、六歲，仍然按照平埔蕃的方式束髮。

搭搭攸社的口碑提及：

> 最初，我們的祖先和里族社、蜂仔峙社、錫口社的祖先一起從唐山(Tonsoan)的山西(Soansai)移住台灣，距今二百零七年前，當時的頭目根仔老(Kinnarao)在世時，才歸附清廷的。

「唐山」是台灣的漢人所稱的中國大陸。這一則口碑和我在北投社平埔蕃所採錄的口碑相似。（請參照第八回通信。）

里族社位於離搭搭攸社一日里不到的東方，蕃社四周有竹林鬱蔽，現在有二十多戶，男五十多人，女四十多人，共九十多人。蕃婦多半仍保留束髮的蕃俗，很多三十歲左右的婦人也是如此。社內很多人還保留著舊時的用具。

里族社的口碑提及：

我們不清楚祖先最初是從那裡來的，不過，自古以來一直住在台灣是個事實。大概是在二百多年前，頭目虎廚(Hotau)在世時歸附清廷的。

蕃社內有二棵刺桐樹，平埔蕃語叫Ratoo，高約三十丈〔約十公尺〕，可以五、六人合抱，據說是頭目虎廚的孫子沙媽眉金(Samavaikin)手植的大樹。

蜂仔峙社現在位於基隆河北岸，正好是水返腳街〔台北縣汐止〕的對岸，現在有五戶，男十六人，女十三人，共二十九人。最年長的是一個五十多歲的蕃婦，她還記得一些平埔語，梳著閩南式的頭髮。❸

這一個蕃社的口碑是這樣的：

　　我們和里族社、搭搭攸社、錫口社的社蕃是同族，古時候從唐山來台灣，最初定居於離開台北城北方一日里半處的古老勝地「劍潭」之東側約一町處，地名叫鴨母寮。我們在清朝順治年間歸附朝廷並從事耕作。清朝乾隆年間，清吏在我們蕃社附近設置土牛（即台北外城）時，蕃社的人全部遷到土牛外面的現在位置。

　　歸附時的開基祖是目其・阮淪(Vaki・gwanlin)，其子與孫分別叫做目其・貓脈禮(Vaki・vaimele)和目其・池翅(Vaki・ttesin)，每年元月七日是我們祭拜這開基祖的日子。

---

❸ 峰仔峙社的戶數與人口，原文為「戶數五戶、人口十九餘人（男六十餘人、女三十餘人）」，是明顯的誤植。譯註者依常識判斷，譯文中做了修正。

遷移後的開基祖叫目其・宮老(Vaki・kyagarao)，而其子與孫分別叫目其・陘氏(Vaki・liesie)和目其・眉閔(Vaki・vaivin)，每年六月十七日我們祭拜這些新開基祖。

按：「目其」(Vaki)的意思是平埔蕃的祖先，也就是「祖先某某」之意，因此才有這樣的稱呼。

社蕃倪偕(Gaikai)現在持有一篇叫做〈蜂仔峙社三宗記〉的記錄，記載上述各開基祖的名字，以及他的祖先於乾隆三十八年〔一七七三〕三月納屯租的稟記，由此可知蜂仔峙社歸附的年代，應該是在乾隆三十八年以前，也就是距今一百二十年前的事。

錫口社的原址，依照古文書的記錄，是在現在的錫口街〔台北市松山〕（位於台北城東方一日里半處）的北側。我在八月七日去訪問時，遺老還記得舊社的位置。新址在東方二日里處的獅球嶺北側，地名叫樟樹灣的地方，因此在八月九日特地前往訪問。

現在的錫口社四周被丘陵所包圍，不論從那一個地方前往，路途艱難。現在已不叫「番社」，而叫番仔寮(Hoanaryao)，因為人口只有二戶八人（五男三女）。❹

他們的口碑是：

最初，我們錫口社蕃住在今錫口街附近，平時入山

---

❹樟樹灣的番仔寮，今汐止鎮樟樹里。

打鹿、伐樹燒木炭，以及養牛為生計，但是住在附近的漢人，常常來掠奪牛隻，甚至把我們番人毆打致死。我們社番不堪他們的暴虐，在一百年前全部離開故鄉，移居於樟樹灣，移居以後，地名也被改稱番仔寮，大家從事耕作。移居時的開基祖，名字叫王成(Onsin)。

俗語說「盡信書，不如無書」，雖然我們不能完全相信番人的口碑，但是從他們各社的口碑，可以證實部份的平埔番是台灣島的原住民，部份自海外隨著颱風的吹襲而漂流過來，其他部份是有意間移入台灣島的，而且歸附的年代大約是二百年前左右。

二、生活習俗

我訪談的對象，包括搭搭攸社今年八十歲、七十四歲等數名番婦；里族社今年六十一歲的番婦（頭目的妻子）等數名；蜂仔峙社名叫倪偕的社番及一名五十多歲的番婦；錫口社，亦即番仔寮一名未滿五十歲的社番。我向他們詢問各番社的舊俗。

一個搭搭攸社的番婦，談起她幼小時所看到的一切風俗；里族社的番婦談到舊時的番俗與漢人風俗各占一半的狀況；蜂仔峙社的社番引用遺老以前的話來說明舊俗；而錫口社番則說對於舊俗知道的不多，只記得一些固有的平埔語而已。他們所能追憶的程度有別，確實反映了風俗變易的時間，有的很長，有的不長。現在將他們談話的內

容，概略地引述如下：

(1)房屋

搭搭攸社和里族社的房屋都是木造的。屋頂和屋內地面都用木板鋪蓋，家人蹲踞於木板上。只有蜂仔峙社的房屋不同：用木板搭成船型木盒，下面以木柱支撐，屋頂的一半是用竹枝編成圓蓋（與現今漢人所用的舢板船一樣的形狀），一家人在這圓蓋裡面起臥飲食，並且使用梯子向外面出入。

(2)飲食

上面所提到的三社，都使用陶鍋煮食物（陶鍋呈 ⌂ 型，平埔語稱為Vokau）。吃東西時不用筷子，將手指沾沾水後抓起食物放進嘴巴。食物則包括未加舂白的糙米、蕃薯、芋頭、鹿肉、山豬肉等。飯煮熟後，放進藤籃裡貯存（藤籃形如 ⊟，平埔語稱為Toonunan)。他們以糯米或蕃薯釀酒，盛於螺碗（用海貝製成）飲用，有時候兩人共杯合飲。在舉行祭祖儀式時，木盤一定要成對排列於木板上。❺

(3)衣飾

搭搭攸社和里族社的社蕃穿長及膝蓋的筒袖衣裳，男子用一條布帶綁結於正面，女子則用一條寬布，在腰際圍

---

❺木盤，指平埔族餐具之一。

繞起來，做爲腰布。有的人在衣裙上佩掛很多小鈴或小玉。在蜂仔峙社，社蕃學東北部的生蕃，將一塊方布從肩部披掛於胸前，腰布與上述者同。

這三個蕃社的男子不留辮子，把頭髮束於後腦，而女子則與現今所看到的一樣，把頭髮從前額起分梳兩半，在後腦束成兩絡，盤繞在頭上，再用頭巾蓋住。男子頭戴半球型的藤帽（與東北部生蕃所戴的一樣）。

這三個蕃社的社蕃，都佩胸飾，是用瑪瑙珠或其他珠玉穿綴而成。在里族社，個別的珠玉稱爲Kanekun，而連綴的串珠則稱爲Raonoonoo。有時候穿耳掛耳環，或手腕上戴串珠。

(4)器物

在這三個蕃社，社蕃都用火石取火；挖橢圓形的土坑做爲爐灶；歡樂時彈嘴琴。八月九日我離開蜂仔峙社到錫口社時，蜂仔峙社蕃人把我遠送到基隆河邊，用自己的獨木舟載送，獨木舟長一丈左右，用樟木製造。他們和南洋土人一般，用長槳巧妙地划行，船槳的形狀如 ⟞══════。我指著獨木舟問蕃語怎麼說，蕃人回答說：「Manka（艋舺）。」離開台北城外數町的地方，有一個市街叫做艋舺，這是由於附近的平埔蕃駕Manka小舟來往於淡水河上，這種艋舺小舟靠岸的市街，便借用艋舺爲街名了。

(5)行爲

這三個蕃社的社衆，覺得快樂時互相捶打胸膛，或彈

嘴琴，或扭腰跳舞。里族社的蕃語，將扭腰跳舞稱為
Simsim。他們有時候在外面互相追逐，或聯手舞蹈取樂。

依照蜂仔峙社的社蕃所說，上述的蕃俗，直到七十年
前都還確實在盛行，從那個時候以後，才改為漢俗。從能
夠追憶舊俗的遺老年齡來判斷，社蕃的改風易俗，大概是
在七十年前左右。我試著問他們為什麼要放棄蕃俗，改為
漢俗？他們回答說，漢俗比舊俗更加雅致。從這一句話可
以知道平埔蕃的想法。

三、蕃社會飲

《淡水廳志》有關淡北的蕃俗項目中，曾經提及會眾
飲酒之俗。現在的平埔蕃社似乎仍保留著這種舊俗。

七月二十六日，我在里族社採訪的時候，蕃人對我說
後天（即二十八日）部落將有會飲，請我一定要再來。我
因此依約前往。我到里族社時，男女老幼都已經停止工
作，會齊於一堂，親密地談笑，而這種會飲的活動，使我
了解到部落社會的思想特徵。我抵達的時候，正是盛宴當
中，社蕃一看到我，便把我圍在中間，有的人拉我的手，
有的人請我坐下，更有的人拿酒杯勸我喝下，這樣地受到
熱烈的招待。

我當場問起會飲的由來。據蕃人說，每年正月十七日
與六月十八日是社眾會飲的日子，也是祭拜祖先的日子。

---

❻伊能氏參加會飲的日子是七月二十八日，相當於陰曆六月十八日。

❻他們勸我吃吃米飯，我試食後，發現是用糙米蒸食的，這種糙米飯是在會飲的日子才特別準備的，可能是歸化以前傳統的炊法。

已經消失的舊俗，在某一種歷史性的儀禮中，幸而被保存，這是任何一個地方都有的現象，同時從這一點可知，在人類追求進步的行為中，難免有保守的思想。

酒宴正酣時，一名老婦被請出來唱老歌，她在陶然的氣氛中歌唱，在座的其他老蕃聽歌時，個個露出不勝懷舊之情。蕃婦說，她雖然能唱出歌詞，卻不曉得含意。

現在讓我引用《淡水廳志》所載的〈淡水各社祭祀歌〉，歌詞是平埔語的漢譯，可以作為了解平埔蕃舊思想與舊俗的參考：

> 虔請祖公，虔請祖母，
> 爾來請爾酒，爾來請爾飯共菜，
> 庇祐年年好禾稼，
> 自東自西好收成，
> 捕鹿亦速擒獲。

我從蕃社踏上歸途的時候，全社的人都把我護送到外面，吩咐一個年僅十六歲的少年，老遠的把我引導到渡船處。我寫下這樣的一個細節，目的是想幫忙讀者了解平埔蕃的性情。據說，搭搭攸社每年正月二十日與六月十八日舉辦祭祖會飲；而蜂仔峙社則於正月七日及六月十七日兩次舉辦。

四、平埔蕃與生蕃之間的往來

平埔蕃的現況，一言以蔽之，是居住於高地的生蕃與低地的移墾漢人之間的種族；一方面與平地人來往，另一方面與高山人來往，可以說是介於兩種人之間的連鎖點，目前生蕃已退居遠方的高山，所以與平埔蕃較少來往。

我在里族社看到一個生蕃女子，今年十六、七歲，是從大嵙崁方面抱養過來的。這個少女名字叫 Ai，四歲時下山，額頭上有刺青，現在還記得一些生蕃語，我知道確實是大嵙崁蕃❼的語言。

五、固有的語言

我在各地平埔蕃社調查過語言，現在將一些語詞列成對照表。與上次通信中所記「淡水山脈南麓北投社與毛少翁社的語言」相比，可以知道都是屬於同一語系的語言。

漢語＼蕃社	錫口社	蜂仔峙社	搭搭攸社	里族社
一	——	Tsa	Tsa	Utsa
二	——	Lusa	Lusa	Lusa
三	——	Tsū	Tsū	Tsū
四	——	Thpa	Chipa	Tsupa
五	——	Chima	Chima	Chima

接下頁

---

❼「大嵙崁方面」指今桃園縣大溪、角板山一帶；「大嵙崁蕃」則指泰雅族大嵙崁群。

六	——	Alum	Lalum	Alum
七	——	Pitoo	Pitoo	Pitoo
八	——	Watsu	Watsu	Watsu或Supat
九	——	Siwa	Siwa	Siwa
十	——	Ttam	Atam	Attam或Mappo
百	——	——	——	Varavatan或Ipachin
頭	Mata	Utsu	Aotsu	Vukun
眼睛	Voekun	Mata	Mata	Mata
耳朶	——	Mono	Volo	Volo
鼻子	——	^{n}Gutsu	^{n}Gutsu	^{n}Gutsu
嘴巴	^{n}Ga^{n}ga	^{n}Ga^{n}ga	^{n}Gaga	^{n}Ga^{n}ga
手	Chima	Chima	Chima	Chima
腳	Hai	Hai	Hai	Hai
胸部	——	Chitsu（乳房）	Anum	Virie
腹部	Tten	Tten	Tten	Tten

　　平埔語稱「五」爲Chima，是馬來語Lima的轉訛。Lima也有「手」的意思，而平埔語的Chima也同樣地指手。「五」起因於「手的五根手指」。在馬來語系中，有一半以上的語言，把「五」稱爲Lima。從語言的調查，我們可以分辨調查的對象是屬於那一個人種，同時針對未開化人類的「數」的觀念，研究其心理的發達過程，確有

參考的價值。

　　另外，三個平埔蕃社均稱「七」爲Pitoo，而里族社也稱「十」爲Mappo，這Pitoo、Mappo跟現今東北部的生蕃語一致。語言的一致，當可以表示這些平埔蕃與生蕃之間有某種關係，例如曾經互相往來等。

《東京人類學會雜誌》

第一二八號

明治二十九年（一八九六）十一月二十八日

第十一回
台灣通信

淡北方面平埔蕃的實地調查（三）

從淡水山脈的南麓北投社往西方二日里處的關渡丘陵，有一個平埔蕃社位於淡水河的北岸，被稱爲八里坌社(Parihun)。❶我於八月三十日到那裡調查。

八里坌社的平埔蕃，現在有十一戶，人口大約六十人（男女各半）。頭目李細年(Lisoinien)今年六十一歲，是部落中最年長的人。他說他已忘記了舊俗與語言，但是從其他老人的談話中，曾聽到一些衣食住方面的習俗，我發現這裡的舊俗，和北投社、毛少翁社的舊俗完全相同。關於八里坌社口碑傳說，現在就李細年所口述的記下來：

> 我們蕃社的祖先是唐山某一國王的駙馬，他的容貌醜陋極了，因此王妃很討厭他，想要疏遠他。父王只好送一些銀兩與米糧，若無其事似地讓駙馬乘船遠走。駙馬和他的兄弟共七個人，搭乘小船在海上逐波漂流，經過了一些時日，這隻小船抵達一個島嶼，也就是台灣島的北岸。不久這七個兄弟在島上尋找平地居住。後來想要讓每一個人分配到一塊土地居住，約定以當地的芒草抽籤，假如抽到的芒草根有流血跡象，這一個人就進入內山居住；而假如抽到沒有流血的，便留下來居住於平

---

❶這裡的八里坌社位置，即今台北縣淡水鎮竹圍、八勢、福德三里。平埔族念舊，自淡水河南岸遷至北岸建立新社，仍稱「八里坌社」。

地。七個兄弟之中，有三個是豪傑，他們抽到了沒有流血的芒草根；而另外四個人比較笨，所抽到的芒草根流出多量的血，因此這四個人入山成為生蕃。在平地居住的三個兄弟便成為平埔蕃。當時平地都很荒涼，他們開墾土地後種植五穀，成為我們八里坌社的始祖。❷

由上面的口碑可以推知下面三件事實：

第一、八里坌社有歷史的傳承，也就是說他們的祖先最初從別處移居過來的。

第二、他們相信祖先是全部坐船來的。

第三、他們也相信他們的祖先，與某些生蕃是同族。

八里坌社的平埔蕃不但從事耕作，同時也打獵，因此我在頭目李細年的家看到舊日所用的弓與盛箭的木筒，我順便把這些買下來。

弓是剖開竹子製成的，有六尺長；而箭筒是一尺長的橢圓型木筒，把原木剖開成兩半，各挖成半圓錐型的木筒，相接成一個圓筒，在上、中、下三個地方，用籐條綑結起來。如▯。頭目說，他們通常背著弓與箭筒到山上狩獵。

---

❷原文「唐山」下面，伊能氏夾註文句譯出如下：（唐山雖然是台灣人所指的中國大陸，似乎可以簡單地說，是台灣人對外國的概念。）在這裡，伊能氏對「唐山」作了更有彈性的，廣義的解釋，因此前文搭攸社所引用的口傳資料「唐山的Soansai」，可以解釋為「遠祖之地在遠方，叫做Soansai，或Sanasai島。」

《東京人類學會雜誌》
第一二八號
明治二十九年（一八九六）十一月二十八日

　　不久以前，在我國帝國大學附近的小山崗上，發現了
石器時代的遺物，這是我們人類學會的同仁所知道的。現
在，我在台灣的首府，也就是總督府所在地附近的一個大
市街「大稻埕」，發現了一個平埔蕃社。九月三日我前往
實地調查。

　　大稻埕位於台北城外的北方，市街西臨淡水河，人口
大約一千五百名。進入市街數町處，有一座城隍廟，街名
城隍廣街，在市街的中心位置有平埔蕃住家十二戶（人口
五十七人）。

　　大稻埕也屬於平埔蕃圭泵社(Keipon)的遺址。❶今日
的大稻埕商業鼎盛，已成爲台北的商業中心，但在淸同治
十三年〔一八七四〕（明治七年）建造台北城以前，市街髒
穢簡陋，以前原是一個獨立的平埔蕃社所在地。台北城築
成後，重新建設市街，有街道通到台北城內外，而在大稻
埕內的平埔蕃社也被市街道路夾在中間。

　　圭泵社沒有遺留關於沿革的口碑傳說。現在只知道這
一個平埔蕃社，在乾隆五年〔一七四○〕（二百五十多年
前）一個叫永桃(Iyentao)的頭目在世時，向淸朝歸附的。

---

❶圭泵社遺址在台北市延平北路城隍廟附近。

直到三十多年前的咸豐九年〔一八五九〕或十年時，台灣北部有漳州、泉州四縣籍的民眾，分黨械鬥，到處焚燒街庄，因此圭泵社的頭目如正(Jiechien)引率社眾，避亂於北方一日里處的基隆河北岸大直(Toachi)，在那裡重建蕃社。亂平後，社眾重返大稻埕舊居，當時舊居受兵火之災，家屋已化為烏有，因此據說有一半社眾在舊居重建家屋，另一半的社眾留住大直，也因此大稻埕的舊社已經沒有舊時所使用的生活用具。

我在第二天（九月四日）往大直的分社訪問。那裡只剩下六戶，四十一人。他們因為空手從大稻埕避亂而來，來不及帶來家細，我只看到一隻殘破而且部分燒焦的木臼，他們說是在焚燒中搶救出來的歷史遺物。原來平埔蕃不知舂米方法，只食用糙米，這一個木臼可能是仿照漢人器具而製成的，形狀大致與今日漢人所用的相同，可說是咸豐九年或十年以前的遺物，值得平埔蕃留下來做紀念。在大直的圭泵分社，我也看到做為胸飾的瑪瑙珠殘片。

有一戶人家現在還保留著歸附以後所得的一塊布幃，題為「圭泵社業戶眾蕃先輩」。每年二月一日與八月一日兩次，圭泵社舉辦祭祖時，社眾會飲，同時將這個寫著歸化蕃姓名的白布幃，擺在祭堂中央。

大稻埕的本社與大直的分社，都很少有人記得舊時的習俗，只是看到老婦都按照舊俗結髮，一如附近的平埔蕃社，而且大稻埕本社還有兩三個社蕃還記得極少數的平埔

語，訪談以後發現他們的語言與附近平埔蕃社語言，非常
近似。舉例如下：

一	Tso	頭	Aotsu
二	Lusa	眼睛	Mata
三	Tsu	耳朵	Mono
四	Thpa	鼻子	Unu
五	Chima	嘴巴	$^{n}Ga^{n}ga$
六	Anum	手	Chima
七	Tetoo	腳	Hai
八	Watsu	乳房	Chitsu
九	Thwa	腹部	Tyan
十	Ttan		

第十一回 台灣通信 淡北方面平埔蕃的實地調查（五）

《東京人類學會雜誌》
第一二八號
明治二十九年（一八九六）十一月二十八日

　　所謂台北平原，是指新店溪與大嵙崁溪合流，成爲淡水河而形成的河岸低地的總稱。❶距離台北城西南方二日里處的新店溪西岸，有一個平埔蕃社，叫做武勝灣社(Vurawan)，統領舊日的淡水縣十九蕃社的總頭目，就在這個蕃社內。新店溪武勝灣社的對岸，也有一個平埔蕃社，叫做雷朗社(Ruiron)。我在九月六日到這兩個蕃社實地調查。

一、口碑

　　關於武勝灣社的部分，我主要的向頭目陳波(Tanpō)請教。根據頭目所說的，武勝灣社最初位於大嵙崁溪下游的西岸，也就是新莊附近的溫仔興直堡，因爲每年有洪水侵襲，土地被河水沖走，距今一百年前左右，移居新店溪的西岸港仔嘴，後來人口增加，在乾隆末年，社內有一個名叫八朝(Patyao)的社蕃，率衆遷到南方數町處的樹林仔居住。因此，港仔嘴的蕃社叫舊社，而樹林仔的蕃社則叫新社。現在，舊社有三十多戶，一百一十多人，而新社則有二十多戶，一百人左右。❷

---

❶大嵙崁溪，今名大漢溪。台北平原應包括基隆河與新店溪間的大片低窪地。

武勝灣社的開基祖究竟是什麼人，還是不清楚，可能是漢人移墾台灣以前，由別處遷移過來的，據說是在乾隆初期向清朝歸附的。清廷爲了治理的理由，認爲有必要徵收屯租，因此設定蕃丁戶口，指派總頭目來統領各社社蕃。總頭目的平埔語是外違(Gwauwi)。武勝灣社剛好位於各社的中心，因此武勝灣社的頭目便成爲總頭目了。

關於雷朗社的情形，我也是主要向頭目陳正春(Tanchientsun)請教。雷朗社本來分爲雷里社(Ruirī)與秀朗社(Siuron)，在康熙年間向清朝歸附的。後來在嘉慶年間，雷里社的人口減至八戶，因此與秀朗社合併，成爲一個蕃社，取兩社名首尾一個字，合成雷朗社。當時有二十二戶，一百多人。❸

二、過去的習俗

武勝灣社與雷朗社的社蕃都已不記得舊俗，只有老婦仍然保留結髮之風。

雷朗社內有少數社蕃記得若干舊俗，但只是與其他平埔蕃社一樣的程度。他們住的是木板屋，冬寒時圍坐於火

---

❷温仔興直堡，指新莊北邊窪地，又名海山口，而港仔嘴指新店溪合流於大漢溪的匯流點（港仔嘴），今板橋市港嘴里一帶。樹林仔即台北縣樹林。新莊與樹林分別在大漢溪西北岸與西岸，而港仔嘴則在東岸，社蕃因洪水侵襲而流離失散。

❸雷里社原址在台北市雙園區東園國小附近，又名加蚋仔庄；秀朗社，其舊社叫挖仔社(Warā)，即台北縣新店市柴埕里，位於新店溪半圓形曲流的西側；而新社則在永和市秀朗里。

堆周圍取暖。每餐都煮竹筒飯，將米和水放入新鮮的竹筒內，投進火堆烤熟。煮肉時，先把石頭燒熱，再把肉片擺在石頭表面上燒烤。上述的日常習俗，和我以前所訪查的情形不同。他們採集一種叫「烏材仔」的樹葉，烤乾做成菸葉。

　　我訪問雷朗社的時候，頭目陳正春將舊時盛飯用的籐藍和一隻戒子送給我。他的籐藍和我在別處所獲得的是同一個類型。

三、固有的語言

　　陳波與陳正春兩位頭目，都已經不記得固有的語言，我只能從蕃社裡的老人問到一些，列舉如下：

漢語　　蕃社	武勝灣社	雷朗社
一	Sa	Tsa
二	Lusa	Lusa
三	Tsū	Tsū
四	——	Pā
五	——	Chima
六	——	Anui
七	——	Pitoo
八	——	Watsu
九	——	Siwa
十	——	Ttan

接下頁

頭	Ulǔ	Ulǔ
眼睛	Mala	Achim
耳朵	Vulu	Gitsu
鼻子	A^{n}gu	Para
嘴巴	A^{n}gi^{n}gi	Gigi
手	Anima	Kawan
腳	──	Wakya
胸部	^{n}Ga^{n}ga	──
乳房	──	──
腹部	Atten	Atten
	酒(Asi)	飯(Para)

　　上面所列的武勝灣社與雷朗社語言，與淡水、三貂兩山脈山麓的平埔語比較，雖然有些不同，但是都屬於同一語系，只是有若干因轉訛所引起的差異而已。

四、其他記事

　　現在我把訪問武勝灣社和雷朗社的時候，所遇到的事記錄下來，供了解平埔蕃思想與感情的參考，並做為本章的結尾。

　　當我準備到武勝灣社的時候，道路彎曲難尋，便向一個在小溪邊放牛的十二、三歲蕃童問路。這蕃童說現在有空，就當我的嚮導，老遠的把我帶到新社，我拿出錢要酬謝他，他卻再三推辭後才接受。我後來打聽的結果，才知

道這個蕃童是武勝灣社的小孩。❹

　　我訪問了武勝灣新社後，就轉往舊社❺訪問。抵達的時候遇到了大雷雨，等了好幾個鐘頭，還是沒有放晴的模樣。當時我沒有帶來雨具，社蕃看到我的困境，馬上把一把雨傘交給我，說拿去用，用過以後把雨傘交給艋舺街的某某熟人就可以。平埔蕃對陌生的外客這樣親切，實在是漢族移民所不及的。

　　我又從武勝灣社的舊社轉往雷朗社的時候，風雨越大，全身濕透了。頭目陳正春和全家的人都說：「在風雨中回台北，路很不好走，希望您在我們家過夜，明天早晨再走。」他們再三勸我留下來，但是我在台北有要緊的事，非當天回去不可，因此辭謝了頭目一家人的好意，踏上歸途。看到外面傾盆大雨，陳正春的兩個兒子把我護送到蕃社外面數十町的地方，而且殷勤地告訴我怎麼走，又說有空的時候再去他們家玩。

　　從這兩個小故事，我們知道平埔蕃是多麼淳樸啊！

---

❹此處指位於樹林的武勝灣新社。
❺武勝灣舊社位於板橋港仔嘴。

《東京人類學會雜誌》
第一二九號
明治二十九年（一八九六）十二月二十八日

第十二回 台灣通信

淡北方面平埔蕃社（舊淡水縣十九社）的區劃

　　前幾回的通信稿中，我屢次以「淡北蕃社」總稱，記述訪查的經過。這一個總稱，究竟是從什麼時候開始有的？命名的由來又是如何？假如沒有把這些交代清楚，以下要述及平埔蕃的沿革時，會發生障礙，因此我先說明一下。

　　最初，清廷在台灣北部設置淡水廳，廳治設在新竹，將新竹以北的歸化蕃（平埔蕃）分爲兩大部分：最北部的稱爲「十九番社」，命武勝灣社(Vurawan)的頭目爲總管；中北部的稱爲「十二番社」，命蔴薯社(Moachie)的頭目爲總管；兩部分的蕃社統稱爲「淡北蕃社」。

　　後來在同治十三年〔一八七四〕（明治七年），清廷將中壢以北的北部劃爲淡水縣，因爲當地的十九蕃社屬於淡水縣範圍內，爾後改稱「淡水縣十九社」，仍由武勝灣社總管。❶

　　清廷在平埔蕃社設立特別行政區，主要的動機是徵收屯租。那麼，屯租是什麼呢？原來台灣的田地分爲官田與

---

❶清雍正元年（一七二三）增設淡水廳，管轄大甲溪以北的區域，爾後在光緒元年（一八七五）設台北府，淡水縣在其管轄下，後來又把淡水縣南部分新設新竹縣。淡水縣與新竹縣的縣治，分別設在艋舺與新竹。淡北十九社的總管武勝灣社，位於今板橋市。

民田兩種，而屯田是屬於民田的一種。屯田是由於開墾蕃地而設立的。當蕃人歸化後，清吏就核發開墾許可證（稱爲墾單），招徠蕃人以外的墾民從事開墾，墾後有收穫時，由墾戶向蕃人納大租。因爲蕃人依靠大租生活，所以准予漢人墾耕的同時也達到撫蕃的目的。如此看來，在蕃人所擁有之地投資開墾並有收成的，就叫屯田，從屯田徵收的大租，又稱爲屯租，而實際收取屯租的蕃人，特別叫做「蕃丁」。

那麼，上述的大租是什麼？當時的台灣田地有三個關係人：大租戶、小租戶及佃戶。舉例來說，現在甲有一塊田地，乙向甲說願意自己出資墾耕這塊田，答應墾耕期間每年向甲繳納收成的穀物若干，訂約後每年所繳的穀物，就叫做大租，而甲就成爲大租戶。但是，依照慣例，乙並非實際在田裡耕作，而是將這塊田地交給丙，也就是佃戶去做。佃戶代乙向甲繳納大租，同時也向乙繳納若干穀物，這叫做小租，因此乙就成爲小租戶。丙向官廳納租若干，而把剩餘的穀物留下來自用，所以叫做佃戶。總而言之，從屯田產生的大租，稱爲屯租。

雖然有這樣的體制，實際上卻發生一種困難：由於具有大租戶身分的甲，是漢人所蔑視的平埔蕃，因此承租的漢人很少完全繳納屯租，因此在平埔蕃與漢人之間，不斷引發紛爭。

光緒十四年（日本明治二十一年），清廷舉辦屯田丈

量工作。淡水縣十九社所有的屯田，每年可徵收到四千二百石的稻米，依例將其四成，亦即一千六百八十石爲官租，把剩下的二千五百二十石做爲屯租，每石折現金一圓十七錢，將折現分配給三百名蕃丁。到了光緒十六年，台灣巡撫劉銘傳發現這種手續繁雜，就廢止了將米穀折爲現金給蕃丁的制度。

舊稱淡水縣十九社，並非平埔蕃固有的「分社制」（指同屬一支族群的團體），而是清國政府爲了治理上的方便，加以區劃的，我們不得不從上述行政區域的沿革，作充分的了解。

清廷在同治九年（日本明治三年）調查各蕃社名稱、位置及蕃丁人數，概略地引述如下：

(1)武勝灣社(Vurawan)──位於台北城以西，新店溪南岸，港仔嘴附近，蕃丁三十二名。

(2)擺接社(Paichie)──位於板橋街西南一日里處，蕃丁十三名。

(3)雷朗社(Ruiron)──位於艋舺的對岸，新店溪邊，蕃丁二十二名。

(4)龜崙社(Kūrun)──位於新庄〔台北縣新莊〕與桃仔園〔桃園〕間的龜崙嶺附近，蕃丁二十二名。

(5)南崁社(Namkan)──位於龜崙社的背後，蕃丁十四名。

(6)挖仔社(Wara)──位於艋舺對岸，新店溪邊，雷朗社附近，蕃丁十六名。

（7）圭泵社(Kepon^g) —— 位於大稻埕街內城隍廟前，蕃丁十五名。

（8）搭搭攸社(Tatayū) —— 位於基隆河東岸，內湖庄的對岸，蕃丁十六名。

（9）里族社(Litsop) —— 位於錫口街附近，蕃丁二十名。

（10）錫口社(Syakao) —— 位於水返腳的東方山間，蕃丁十四名。

（11）峰仔峙社(Pangasie) —— 位於基隆河北岸，水返腳的對岸，蕃丁十二名。

（12）毛少翁社(Mōshioang) —— 位於八芝蘭〔台北市士林〕以北，紗帽山的山麓，蕃丁四名。

（13）北投社(Paktao) —— 位於八芝蘭的西北，礦山的山麓，蕃丁二十二名。

（14）八里坌社(Palihun) —— 位於八芝蘭與淡水之間，淡水河北岸，蕃丁五名。

（15）小雞籠社(Shiokuirun) —— 位於淡水的北方五日里處的海岸，蕃丁六名。

（16）圭北屯社(Keipakton) —— 位於大屯山的北麓，蕃丁十一名。

（17）金包裏社(Kimpaoli) —— 位於金包里〔台北縣金山〕附近，蕃丁二十二名。

（18）大雞籠社(Toakuirun) —— 位於基隆港口社寮島〔基隆市和平島〕南岸，蕃丁十二名。

(19)三貂社(Santyao)──位於台灣東北海岸三貂角附近，蕃丁二十一名。

以上計十九平埔蕃社，蕃丁三百名。❷

---

❷本篇〈淡北方面平埔蕃社的區劃〉被收在第十二回台灣通信，雖然不是踏查記錄，但對淡水縣十九社的名稱與沿革，有所闡明，特別譯出給讀者參考。伊能氏繼明治二十九年七月二日至九月六日實地調查淡北方面後，接著於十月一日至二十四日（二十四天）前往宜蘭方面續查。翌年（明治三十年），分別於一月、三月及四月複查淡北方面的平埔族蕃社，所獲的資料，分別於第十五回（淡北方面補遺，即淡北方面六）、第二十三回（淡北方面七），以及第二十六回（淡北方面八）等三篇通信稿中補記。為了維持有關淡北方面敘述內容的連貫性與閱讀方便，特別將發表於明治三十年至三十一年的這三篇通信稿譯文，也置於宜蘭方面譯文的前面。

第十五回 台灣通信

淡北方面平埔蕃的實地調查（六）

《東京人類學會雜誌》
第一三三號
明治三十年（一八九七）四月二十八日

我已經在本學會的會報上發表過台灣淡北方面，也就是舊淡水十九社平埔蕃的實地調查報告，後來陸續發現了新資料，現在概括地補述，做為前次報告的補遺。

一、平埔蕃的歷史口碑

淡北方面的平埔蕃，現在有一則歷史口碑：他們的祖先在遠古時代，航行到台灣來。故事裡，有的人說這航行是有意圖的，另有人則說祖先在無意間從海上漂流過來的。但是，在長久的時間內代代相傳，由於後來他們的習俗與語言，遭受強烈漢化的衝擊，這故事的細節，也逐漸被淡忘，而能追憶的人，今日已幾乎找不到了。

有一天，我到北投溫泉遊覽，順便去北投社訪問老蕃Poanyupie（潘有祕）。我從他那裡聽到北投社蕃所傳的歷史口碑，詳情引述如下：

> 我們不知道開基祖的名字叫什麼。他們原來居住於山西地方。這地方出了一個妖怪，經常趁人家睡覺時，將每一個人所蓋的棉被取走，然後消失於空中。因此，平埔蕃日夜提高警覺，不敢睡覺，白天大家玩連手遊戲，而晚上則圍爐而已。這妖怪的名字叫Sansiau（三消），不知經過了多久，還是不肯離去的樣子。社蕃彼

此交換意見後，說：既然在這麼久的時間裡受盡了痛苦，倒不如舉族遷到其他地方，避開這妖怪。

祖先就砍伐竹木，編造一隻竹筏，讓全族的人上船。出海時，也沒有什麼目的地，只是讓竹筏隨風漂流，過了若干白天與夜晚後，發現了陸地，高高興興地登陸了。登陸的地點，就是台灣北部的鞍番港，也就是現在深澳這個地方。

祖先在那裡定居下來，形成一個部落。後來人口增加了，無法容納眾多人，因此採集了一些當地的草莖，做成草籤，大家約定說，抽到長籤的人永遠居留於平地，抽到短籤的人，則進入深山狹谷內居住，不論抽到那一種籤，決不後悔。祖先們將一塊大石頭埋在地下，誓言遵守諾言。結果抽到短籤的人，進入深山狹谷，變成山蕃；而抽到長籤的人，便住在平地曠野，成為平埔蕃。後來平埔蕃企圖占有山地，山蕃看到這情形便大怒，說：既然已經占有平地，還不知足而想侵占我們的土地，實在沒有道理。從此以後，他們山蕃一看到平埔蕃，就要殺人才會甘心，這樣馘首的行為變成他們的風俗了。

（埋石為盟，意思是只要大石頭留存於地下，誓約的事決不能改變。清嘉慶年間，一個名叫吳沙的漢人，在宜蘭地方與平埔蕃做了一項誓約，舊文獻記載這一件事，說：「因蕃俗，埋石設誓約」。❶）

俗語說：「盡信書，不如無書」，當然不能以一則歷

史口碑作為平埔蕃來源的證據，但是我們可以了解它是一項重要資料，足夠大家參考。這口碑所傳達的消息如下：

第一、平埔蕃保存著一則歷史口碑：他們的祖先最初從別地方移入台灣。

第二、平埔蕃祖先是乘船漂海過來的。

第三、平埔蕃相信他們與附近的生蕃，原是同宗，後來分成不同地區的族群。

第四、平埔蕃一直受生蕃殺害，是古來就有的事實。

第五、從埋石之約可知，淡北方面的平埔蕃與宜蘭方面的平埔蕃，有同樣的習俗。

在我的研究工作中，我一直相信「台灣北部的深澳是平埔蕃最初登陸台灣的地點」這一則傳承，是最有價值的資料。因為從去年以來我一直在實地踏查淡北及宜蘭方面的平埔蕃，為了確定分布於台灣東北部的平埔蕃是從別地方移居過去的，我也想像他們的登陸地點在台灣北部，而開始集居的地點豈不是現在的三貂社附近？事實上，深澳的位置離開三貂社沒有多遠，這一個事實開啟了我的想像接近事實的端緒。關於這北部平埔蕃所建立的據點，我想

---

❶關於妖怪的名字「三消」，伊能氏在後文中還有補記：漢人稱為「山魈」，體形如小兒，僅有一隻腳，夜間出來作祟。按地名「山西」Sansai或Sanasai，宜蘭噶瑪蘭族關於祖先的口碑，提及Sunasai是海外某一個島，而蘭嶼的雅美族則把綠島稱為Tanasai，音近似，由此看來北投社關於祖先來歷的口碑，可以解釋為其祖先自海外漂流到綠島（Sanasai），最後才登陸台灣。

留到以後，從採集的資料再做詳盡的考證，這裡略而不談。

上面所引述的平埔蕃口碑，提到他們祖先來自（唐山的）山西地方，是根據那裡的傳承呢？在《裨海紀遊》裡，郁永河曾經引用一個歸化蕃人的話，說：「平地近蕃……，元人滅金，金人有浮海避元者，爲颶風漂至，各擇所居，耕鑿自贍。」事實上金、元、明各朝代的遺民流寓台灣，與蕃人雜居通婚，最後被蕃人同化的也有，這是相當可信的。我想這一個歸化蕃所傳的傳說和平埔蕃古老的口碑，可能在某一個時期彼此交會，而形成一種Varaigate-Tradition。 ❷

二、平埔蕃的歷史

正如衆所公認的，現在居住於淡北方面的平埔蕃，大致上是善良樸實的人種。而這種性格是否天生的？我們很想知道。爲了尋找史實，我涉獵了舊文獻，結果在《淡水廳志》裡，找到了有關淡北平埔蕃之一的北投社的記載，現在摘要譯述如下：

清康熙三十八年〔一六九九〕五月，北投社一帶的各蕃社主帳❸名叫金賢(Kimhyan)，想要娶北投社社蕃麻

---

❷互相影響而變容的傳承。"Varaigate"可能是"Variegated"的筆誤。關於「唐山的山西」，請參照〈淡北方面平埔蕃的實地調查（三）〉，本書第一〇四頁。

里郎吼(Marironhao)的女兒。麻里郎吼因為女兒幼小而拒絕了婚事，說長大以後才嫁。金賢一聽到這句話，大大地生氣了，把麻里郎吼綁在樹上鞭打。麻里郎吼向頭目冰冷(Peinrien)泣訴，頭目冰冷便率領眾蕃，射殺金賢與附和他的部下。……在更早的時候，在新竹以南的吞霄社，有一個社蕃名叫卓个‧卓霧亞(Tokkai‧Toᵏvūa)作亂，北部的冰冷和他們通謀，想要在北部叛亂。當時有一個清朝水師把總的巡哨員，祕密地把船停靠在附近的海口，利用別社的蕃人誘出冰冷，把冰冷綑綁起來，用船強制載走，從此各蕃社才向清廷要求歸撫。

另外，康熙三十六年為了採硫磺而來到台灣的浙江人郁永河，在他遊歷台灣各地以後，寫下了實際見聞。他在《裨海紀遊》提及：

麻少翁、內北投在磺山左右，毒氣蒸鬱，觸鼻昏悶，諸番常以糖水洗眼。隔關渡門，巨港依山阻海，划蟒甲以入，地險固，數以眭眥殺漢人，官軍至則竄。淡水以北諸番，此最難治。❹

由上文可以想見，現在的平埔蕃在二百年前是如何的凶猛，現在的北投社附近，已開設溫泉設備，每逢盛夏天氣炎熱時，來此納涼的浴客，極為擁擠。啊，二百年前被視為嗜殺難治的蕃黎地方，忽然搖身一變，成為歡樂的溫

---

❸主帳，伊能氏原註為總頭目，實際上只是一個通事。
❹《續修台灣府志》引用此文，但今本《裨海紀遊》卻沒有。

泉鄉，由此可知地理常常變遷不定、人事的變遷也日新月異，有「不進則退」的道理。我曾經十多次到北投社實地調查平埔蕃，發現過去被認為淡北蕃中最兇猛的北投蕃，今日幾乎已成為最善良樸實的活標本，可見蕃人的性格，是經歷了多麼大的變化。

依照北投社蕃的記憶，他們是在康熙末年向清廷歸附的，歸附後漸漸改變了性格。乾隆五十三年〔一七八八〕林爽文作亂時，淡北方面幾乎落入叛軍之手，當時淡北的平埔蕃卻能協助清軍，防止賊軍進入有功，這件事證明各社平埔蕃當時業已歸化，成為良民。據說「屯番」之制，就在那時候創辦的。（屯番之制，就是一種屯田兵的組織。我在第十二回的通信中所提到的舊淡水縣十九社，也就是這些屯番的地區，而屯租主要的是為了讓各社向屯蕃提供口糧而制定的。）

那麼，當年的清廷是採取什麼手段，來達到化育蕃人的實效呢？康熙末年，有名的藍廷元向清廷奏請在台撫蕃的計策時，曾經說：「以殺止殺，以番和番，征之使畏，撫之使順，闢其土，而聚我民焉，害將自息。久之，生番化熟，又久之，為戶口貢賦之區矣」，我想這是唯一被採行的計策。《台灣府志》又說：

> 乾隆二十三年奉文：台灣府歸化各番諭令薙髮畜辮，以昭一道同風之盛。爾年以來，各社番眾，衣衫半如漢制，略曉漢語，肆業番童，薙髮冠履，誦詩讀書習

課藝，應有司歲科試，駸駸乎禮教之鄉矣。

目前，舊淡水縣十九平埔蕃社中，我發現了有一些平埔蕃已是秀才的身分，他們的姓名如下：

翁文卿（毛少翁社）
陳春正（雷朗社）
陳春輝（雷朗社）
陳春華（雷朗社）
陳洛書（大鷄籠社）
陳宗潘（擺接社）❺

從這一個事實可知，人的性格是可以藉人為的手段做徹底改造，使之成為另外一種人。我常常被人家問到：「現在台灣的生蕃，是怎樣教化的？」「教化的程度，又是怎麼樣？」我現在引用古籍記載，與各位一起溫故知新。

大約在乾隆九年到十年期間，以巡台御史身分巡察台灣的六十七〔人名，滿籍，乾隆九年任巡台御史。〕，曾經寫下《采風圖考》一書，從這一本書的記載，可知教化之深。

> 巡使按年巡歷南北二路，撫賞番黎，宣布聖澤。凡至一社，土官婦女遠迎馬前，意甚誠切；有跪獻都都者。張鷺洲侍御有詩云：「爭迎使節共歡呼，驄馬前頭

衆婦趨，首頂糍盤陳野食，大官曾未識都都。」按：
「都都」與內地「糍團」略同。

　　台番涵濡德化，亦有禮讓之風，卑幼遇尊長，卻步
道傍，背面而立，俟其過始隨行。若駕車則遠引以避，
如遇同軰亦停車通問，相讓而行，不可以蠻俗鄙之也。
❻

三、毛少翁社、北投社、八里坌社、蜂仔峙社的歷 史補遺

　　我把第十回通信「毛少翁社與北投社的平埔蕃」及第
十一回通信「八里坌社與蜂仔峙社的平埔蕃」各項報告重
讀了一遍，後來找到了一些關於上面四社的史實，現在補
述如下：

(1)毛少翁社

　　我在前信中提到「毛少翁社分散於自北方紗帽山的山
麓向西南方的淡水河平原延伸的一帶，現在有漢人建立部
落於中間，把蕃社截成兩段，只在北方山麓與西南平原兩
地留下痕跡，從外表看起來，好像是兩個不同的蕃社。」
但是康熙三十六年〔一六九七〕完成的《裨海紀遊》，有下
列記載：

---

❻首段見於《重修台灣府志》，引述六十七的《台海采風圖》。次段見於六十
七的《番社采風圖考》。

由淡水港入，前望兩山夾峙處，曰甘答門。水道甚隘（伊能註解：由淡水港駛入台北平原的入口），入門，水忽廣，匯爲大湖，渺無涯涘。行十餘里，……高山四繞，周廣百餘里，中爲平原（即台北平原），惟一溪流水（即淡水河），麻少翁等三社緣溪而居。甲戌四月（康熙三十三年）地動不休，蕃人怖恐，相率徙去，俄陷爲巨浸，距今不三年，再指淺處，猶有竹樹梢出水面，三社舊址可識。

我們現在所謂台北平原，是三條河流分別自東方與南方所流經之處，合流後向西流出。流路以外的地方，已看不到水澤了，但是距今二百年前，這台北平原靠北的部分，好像是個大湖。目前位於西南河岸平原的毛少翁社〔指社仔、三角埔一帶的舊毛少翁社〕，是一個舊社的所在地，而位於紗帽山麓高處的毛少翁社，是後來因爲害怕震災再度發生而遷去的新社位置。最後，再過了一次滄海桑田之變，大湖的水被泥土掩埋，而形成平地。毛少翁社的社蕃，不能忘懷故鄉之地，部分又從遷徙地搬回河岸平原的故地。因此，我在前信中所說的「北方山麓與西南平原本來是互相連接的廣闊蕃社」，是我一時失察所造成的錯誤，訂正如上。

另外，《裨海紀遊》提及麻少翁社等三社，現在無法查考其他各社的詳情，只能以蕃社名稱幫助我們了解蕃社的變遷罷了。譬如《彰化縣志》也只羅列各蕃社名稱，然

後附記「歸化熟蕃所居，或與漢人雜居，或遷徙而墟其地」而已。

(2)北投社

依照《台灣府志》，北投社分為內外兩社，而康熙三十六年郁永河實地踏查而成的《裨海紀遊》則說：「麻少翁、內北投，在磺山左右」，可見現在的北投社就是內北投社。

另外，《台灣府志》也引述〈陳湄川中丞淡水各社紀程〉一文，說：「淡水港北過港，坐蟒甲上岸至八里坌，十五里至外北投，十二里至雞柔山。」❼八里坌可能是指位於北投社的西方約二日里處的八里坌社。由此走十五華里，有外北投社，也就是現在淡水港附近的山邊❽。再走十二華里，有雞柔山社。目前在同樣的里程處，有漢人的村落，叫圭柔山庄，因此雞柔山社可能就在圭柔山庄附近。

外北投社與雞柔山社，目前已不存在，只留下蕃社舊名而已。同治九年〔一八七○〕才完成的《淡水廳志》，再也沒有提起這兩個平埔蕃社的名稱了。

(3)八里坌社

已如前節所述，「八里坌社」在北投社的西方二日里

---

❼陳湄川即福建巡撫陳璸，康熙五十六年來台巡察淡水廳。伊能氏說陳湄川開啟了探查淡北地區的端緒。

❽外北投社，即淡水鎮北投里北投仔。

處，也就是淡水港的東方二日里，淡水河的北岸。但是，「八里坌」卻在蕃社的對岸，也就是淡水港南岸的觀音山麓。依照《裨海紀遊》記載，八里坌社好像原來也在八里坌附近，引述其文如下：「八里坌社，舊在淡水港西南之長豆溪，荷蘭時後壠最悍，殲之幾無遺種，乃移社港之東北。」

後壠位於今新竹的西南方海岸，由此向北延伸到八里坌一帶，是海岸平原。荷蘭人殲滅後壠的平埔蕃，戰爭的餘波蔓延到八里坌社，是無可置疑的事實。可能就在那個時候，舊八里坌社的社蕃遷到北岸的八里坌社現址。

《淡水廳志》也記載：「八里坌潭，在八里坌山絕頂，形三角，周數畝，水清而深，土蕃逐鹿間至，漢人罕能陟者。」，說明了八里坌社原來在舊址的情形。現在，八里坌附近，還遺留著荷蘭人的舊砲台遺址，這是台灣史上的一個史蹟地。❾

(4)蜂仔峙社

我在前信中曾經提及：「依照本社的口碑，最初定居於古老勝地『劍潭』東側約一町處，地名叫鴨母寮的附近，在清朝順治年間歸附，從事耕作。乾隆年間，清吏在蕃社附近設置土牛時，蕃社的社眾全部遷到水返腳（汐止）的正對岸，也就是基隆河的北岸。」後來，我涉獵了很多書，知道所謂「土牛」是為了防禦蕃人來襲而特別築造的城牆，可說是防隘設備的雛形。

土牛的存在，可以由《淡水廳志》裡的記載證實：「淡地內地山，處處迫近生番，昔以土牛紅線爲界，今則生齒日繁，土地日闢，耕民或踰土牛，十里至數十里不等，非設隘以守則生番不免滋擾，云云」。移殖台灣的漢人中有一個學者曾經說土牛之制，是在鄭成功的時代開創的，維持到清初。築造的方法是挖土築起土壘，其狀如巨牛，所以稱爲「土牛」。由蜂仔峙社的口碑可知，蜂仔峙社的社蕃當時也被漢人以土牛加以防禦，所以社蕃被驅逐到北方現居地。

　　淡北一帶的平埔蕃，似乎是在清領時歸附的，口碑也這麼說，而蜂仔峙社的口碑，特別提到早在清順治年間歸附的。

---

❾《裨海紀遊》的作者郁永河及伊能嘉矩所稱的「八里坌社」，似乎是指「小八里坌社」。小八里坌社的社蕃被荷蘭攻擊後，部分社蕃從原居地的淡水河口南岸遷到北岸，今關渡、竹圍一帶，社蕃念舊，仍稱「八里坌」、「小八里坌仔」。伊能氏所謂北岸的八里坌即指新遷徙地。按八里坌，在荷蘭治台時代，從平埔語譯音爲Parigon，分爲「大八里坌社」及「小八里坌社」，前者是本社，原址在淡水河南岸，今台北縣八里鄉大崁、米倉、龍源等村，凱達格蘭平埔族建社於此，但乾隆年間已有漢人入墾，建立漢人庄，當時八里坌已經是一個戎克船停泊的港口，也是台北盆地進出大陸的重要貿易港。因漢人侵墾，原來聚居於大八里坌社的平埔族，部分的族人向西北海口一帶移居，形成一分社，稱爲「小八里坌社」或「小八里坌仔」（詞尾的台語「仔」，是「小」的意思）。小八里坌社分布於向河口突出的小角「挖仔尾」，再延伸到面臨台灣海峽的海岸地帶，今八里鄉埤頭村（包括挖仔尾、埤仔頭）、頂罟村（包括十三行）、舊城等村，平埔族聚居以後成爲純粹的平埔部落群，以別於已形成漢人市街的大八里坌。其實早於漢人入墾以前，即荷蘭人掃蕩北部平埔族的年代，小八里坌社已形成，當時也是個港口，族人遷至北岸以後，新建的社名仍叫「小八里坌社」，也在其東邊建立「嘎嘮別社」。按嘎嘮別(Harabe)與舊址挖仔尾(Warabe)音近似。台語Oat或Wat寫成「挖」，並無挖取、挖土之義，而是描述地形的彎曲。例如：挖仔尾，就是伸入河口的彎曲沙嘴。

明鄭時代在北部初闢之地，其實就在蜂仔峙社附近，而劍潭勝跡，據說是鄭成功建築觀音寺的位置。鄭成功還沒來台以前，據傳說荷蘭人曾經插劍於其地，現在還留下一棵古樹。因此，從這歷史關係來推算，靠近劍潭的舊蜂仔峙社比其他平埔蕃社更早歸附，是不無道理的。

四、平埔蕃的占卜

根據北投社平埔蕃的口碑，往昔社蕃有什麼活動，都要先占卜吉凶，然後行事。例如入山狩獵時，假如遇到鳥獸在隊伍前面橫飛或橫行，就是一種凶兆，要立刻停止行動。

又如男女青年的結婚，在還沒訂立婚約以前，男的要臥寢求夢，因為夢到吉兆或凶兆，就是祖靈在宣示可以或不可以成婚。得到吉夢時就可以結婚，得到凶夢就不可以結婚。訂立婚約時，男方與女方互贈一套衣服。

五、平埔蕃的宗教觀念

淡北方面的平埔蕃，以前都是每年的春、秋兩季，各舉辦一次會飲的儀式，用以祭拜祖先（現在仍保留每年二月與八月兩次祭祖會飲的遺風）。❿

如上節所述，北投社的平埔蕃都向祖靈請示結婚的吉凶。在毛少翁社也有向祖靈祈求治病的傳說。以上所舉的

---

❿伊能氏沒有指出是陽曆或陰曆。上文所提到的似乎都是指陰曆。

例子，顯示平埔蕃宗教觀念的一端，歸納如下：

第一、平埔蕃有祭祖的遺風。

第二、平埔蕃相信靈魂不滅。

第三、平埔蕃相信可以藉祈禱溝通幽明兩界。

第四、平埔蕃相信可以藉夢卜溝通幽明兩界。

《東京人類學會雜誌》
第一四七號
明治三十一年（一八九八）六月二十八日

第二十三回 台灣通信 淡北方面平埔蕃的實地調查（七）

一、Keipakton社（圭北屯社）

去年（明治三十年）的元旦下午，一般人正在喝三杯屠蘇酒，以慶祝春回大地的時候，我爲了實地調查淡北地方最北端的平埔蕃，單身輕裝出發。我從台北城外的大稻埕，搭乘開往滬尾〔淡水〕的小蒸氣船，一小時多以後抵達。

淡北地方北端的平埔蕃居地，靠近相傳爲賊穴的漢人部落。爲了查詢以往與目前的匪賊動靜，以及雇用熟悉當地地理的漢人嚮導，這一天我在滬尾過夜做準備工作。

第二天，偕同一個淳樸的漢人嚮導向北方出發，走了約半日里便到了圭柔山庄(Kejyusoan)，是一個漢人的部落。《台灣府志》曾經記載淡水廳的歸化蕃社之中，有一個叫鷄柔社。但是，現在同名的蕃社已經不存在了，可能是編纂府志的乾隆年間（大約一百年前），曾經有過所謂「熟番」的蕃社，後來由於移殖的漢人侵占他們的土地，被迫放棄故地，目前離散於別的地方，或者是沒有能力與入墾的漢人共存，而遭受滅亡的命運。圭柔山庄可能是同音的鷄柔山社遺址。

由圭柔山庄繼續走，經過興化店與灰磘仔兩個村落，

❶一路走到台北有名的宗岳大屯山的北麓。路徑深入山丘再伸向海邊，或離開海邊再入山丘，雖然是小徑，卻不難走。往前行，路越來越窄，不只一次走入田畦間的盡頭，遙望前方的草埔間有一戶漢人的農家，便迂迴前行，來到農家門口詢問。男人都不在家，而留守於屋內的女子都避面不見，我們只能在外面彷徨，進退維谷，這樣的情況已經不知道碰到幾次了。

從這一點可以看出台灣的交通現況，以及漢人保守性格的真相，仍然留存在鄉間僻地。凡是要在台灣觀風察俗的人，不應該忘記要深入鄉間探訪，找出不為人所知的原貌。

我們好不容易地來到大屯山下的大屯庄。所謂「大屯社的平埔蕃」都在庄內，現在有十五戶六十二人而已。「大屯社」原是漢人所命名的，社蕃自稱Keipakton（圭北屯社），大約一百年前歸附清朝的。遺老多半都已去世，所以知道歷史典故的老人一個也沒找到。我只在一兩戶人家，看到舊時獵鹿時使用的竹弓。社蕃中只流傳著一個口碑，說「我們族人以前以獵鹿為生，歸附清朝以後專做農耕的工作」。大部分的社蕃都已忘記自己的固有語言，只有一個六十一歲的老人，他是社內年齡最大的人，還記得一些蕃語：

---

❶今台北縣淡水鎮興仁里、賢孝里，均位於大屯山西麓。

Aohu	（頭）	Aopa	（頭髮）
Tsana	（耳朵）	Mata	（眼睛）
Arum	（鼻子）	Arivun	（嘴）
Arei	（手）	Ahha	（腳）
Atten	（腹部）		

老人對數詞只記得「一」(Gdesu)而已。

大屯庄內的平埔蕃頭目是李春年，他是一個淳樸的壯年頭目，在訪談中我受到了他熱烈的招待。❷

二、Vavui社（小鷄籠社）

我從大屯庄出發，沿著羊腸小徑行走時，迷路了好幾次，迂迴經過揀坂庄，而來到小基隆舊庄。這時候太陽已西斜，帶路的漢人嚮導不停地勸說走夜路危險，就在庄內總理曾石岳的家過夜。❸

---

❷ 清末大屯社已式微，南方的圭柔社與北投仔，亦即外北投社，也因漢人入墾，社蕃遷入北邊的大屯社，三社各取一字稱為圭北屯社。伊能氏來調查的時候，圭北屯社已有漢人勢力侵入，平埔蕃只占少數，所以當時稱為「大屯庄」。凡是漢人為主的部落都叫「庄」，純平埔族的部落而且保留舊態的叫「社」。大屯庄，今淡水鎮靠北的屯山里。

❸ 揀坂似乎是地名「錫板」的舊字，也是平埔蕃社舊址，附近有番婆林、番仔崙、番社后等關聯到平埔族的地名，今台北縣三芝鄉海尾村。「小基隆社」舊稱「小鷄籠社」，位於三芝鄉三芝北邊，自舊庄延伸到新庄的蕃社後一帶，與位於基隆市一帶的「大鷄籠社」對稱。伊能氏進行調查以前，位於海邊的小鷄籠舊社已有漢人入墾，部分社蕃已東遷，在三芝鄉新庄一帶形成新社。他訪問的時候，沒有提到有多少平埔人留居，可能已經成為純粹的漢人村庄，所以叫做「小基隆舊庄」。總理，又叫做「番總理」，已有漢人入墾而成優勢時，由官廳舉漢人充任，置於頭目與通事之上，即後來的漢人街庄長官。

一月三日淸晨，由小基隆舊庄出發，沿著一邊濱海的丘陵地北上，走了約二日里便到了台灣最北端的富貴角東側老梅庄。Vavui社就在庄內，漢人稱爲小基隆社。現在只剩三戶，十五人。遺老都已去世，社內只有一個三十七歲的男子，算是最年長的人。女子都學漢人纏足，已完全忘記了固有的語言。❹

我在這裡，採集到一則平埔族的口碑，引述如下：

> 我們蕃社的開基祖名叫Tyatsunehen，從北方來此建立部落，最初獵鹿爲生，大約在二百年前歸附淸朝，從那時候起從事農耕工作。

社蕃所說的北方，很難指出究竟是台灣的什麼地方，但是Vavui社北方，有平埔蕃的居地Kimpaoli（金包里）、Kuvu（龜霧），以及Santyao（三貂），可能是從這方面遷來的。❺

康熙六十一年〔一七二二〕巡台御史黃叔璥在他所寫的《番俗六考》裡，引述〈陳湄川中丞淡水各社紀程〉，

---

❹老梅庄內原來的平埔蕃社也叫小鷄籠社。其實小鷄籠社聚落群分布很廣，從西南邊的舊庄、新庄到北邊的頭圍（富貴角西側）、老梅（富貴角東側）一帶，晚期遷徙的方向似乎是由西南沿海岸到東北的富貴角，而遷徙的原因是漢人由淡水方面，向三芝鄉、石門鄉的沿海地帶入墾，迫使平埔族移動，建立新社。不過，伊能氏在後文中，極力論證北部Keta^nganan（凱達格蘭）平埔族，最初聚居於其東南方的三貂社，族人由東向西發展，也不無道理，可能是屬於早期的遷徙情形。伊能氏調查小鷄籠社的最新遷徙地「老梅」，發現平埔族凋零，漢人已喧賓奪主，人口占多數，所以Vavui社（小鷄籠社）已更名爲「老梅庄」或「小基隆庄」了。

現在抄錄於下面：

> 淡水港北過港，坐蟒甲上岸至八里坌。十五里至外
> 北投，十二里至雞柔山，十五里至大屯，三十里至小雞
> 籠，七十里至金包里，跳石過嶺，八十里至雞籠社。

從上面記事，可以想見舊時的地理形勢。外北投社，現在已經不存在，從上面的記事可以猜測到社址在八里坌社與雞柔山社之間，相距約二日里，也就是現在的滬尾位置。❻

陸軍參謀本部所編的《台灣誌》記載：「距離淡水約五十浬的東海岸，地名叫Saobei的入口，有兩個部落，據說這裡原來是平埔蕃所占居的根據地。」我想Saobei的譯音近似Laomei，也就是地名「老梅」的轉訛，而入口處的兩個蕃社，應該是指Keipakton（圭北屯社）與Vavui（小雞籠社），但是把這兩處蕃社視為根據地，到底怎麼樣解釋呢？我反而相信Vavui社蕃口碑所傳的從外地遷來的

---

❺上面所提到的三個平埔蕃社，都位於Vavui社（富貴角老梅庄）的東南方，而不是北方。所謂Vavui社北方是大海。依譯註者的見解，平埔族各蕃社談到開基祖時，差不多都說來自海外，或海外某一個島，也就是「海外漂流說」。依Vavui社蕃的語氣，他們的開基祖來自北方的「海上」。金包里社址在金山的社寮一帶；龜霧社，是大雞籠社的別名，位於今基隆市和平島的南岸，舊名社寮。

❻古時候滬尾港在淡水河南岸，而南岸的八里坌社位置，正是泊船的港口。陳湄川的行程記事，不容易了解，他似乎是坐蕃舟上溯淡水河，至北岸竹圍附近登岸，其地有八里坌社的分社（亦稱八里坌社），由此走陸路經外北投社、雞柔山社……最後抵達大雞籠社，里程是華里，正確性大有疑問。

說法。

　　我在老梅的Vavui社看到一件社蕃舊日所穿的外衣，是方布披肩，與宜蘭方面平埔蕃現在還在使用的相同，可見這裡的平埔蕃歸附清朝以後，繼續保留舊俗已經有相當長的時間。

　　另外，在本社也看到清廷的諭告書，是關於禁止漢人侵占平埔蕃土地的文書，引用如下：

　　　　賞戴花翎調署台灣北路理番鹿港海防總捕分府李，為特示嚴禁民占番業事。照得台地番社歸化之初，荷沐皇仁，賞給地界租業，設立通土業戶掌管，以垂永久。嗣因漢奸惡棍，私放番債重利，俥估典占，致番失業。故於乾隆三十一年間，奉督憲具奏開設北路理番衙門，專管淡嘉彰所屬番社，不時清釐，不准民番交涉，章程久定，並經興洪前分府，循例出示嚴禁在案。茲本分府蒞任訪查各屬番社，多有流離失所，皆因漢奸棍徒，故智復萌，典占頻仍，合再查照，定章出示嚴禁。為此示，仰所屬各社附近漢戶佃民人等知悉。爾等當知，民占番業，有干例禁，嗣後毋許放借番債，重利伸占，自犯條科。倘有無知並寔係眾番公借公用，先已放借估占在前者，如得利已數母銀，務將租業自行清理，即將該業歸原番掌管，不得阻撓抗違。倘敢復蹈前轍及藉前通土業戶、社番字據，收租抵利，捎價取贖，盤利不休，一經察出或被告發，定即嚴拏究辦，切勿自貽伊戚，其各凜遵毋違，特示。

　　　　　　　　　　　　　　同治拾年捌月初六日給

平埔蕃曾經一度獨占台灣的西部大平原，聲威顯赫，而如今勢力漸漸衰落，考其近因，實際上是因為移殖的漢人恃勢侵占蕃地，結果蕃人流離失所。漢人的侵占土地導致平埔蕃大舉移動的史實，形成平埔蕃歷史的一個大變動時期，關於這件事，我想改日再詳述。❼

　　我從老梅庄循原路折返，也就是沿著西邊海岸經富貴角回到滬尾。本次實地踏查淡北地方的北部濱海地帶，所得的訊息如下：

第一、這一帶的平埔蕃，原來是從三貂與基隆方面，
　　　沿著北部海岸西遷過來的，經過金包里的時候
　　　與當地社蕃連絡過，割據大屯山後的土地。
第二、從舊俗與固有的語言加以考察，這裡的平埔蕃
　　　與台北平原的平埔蕃，屬於同一個Part。❽

---

❼伊能氏後來曾就平埔族大移動的原因與移動路線加以暢述，收入於其所著《台灣蕃政志》三卷，以及逝世以後由門徒編輯而成的《台灣文化志》三卷之中。

❽伊能氏完成了今日台北市與台北縣內平埔族的實地調查後，發現他們是同屬一個Part「部」。他第一年（明治二十九年）開始調查時，還沒有「凱達格蘭族」及「噶瑪蘭族」的正式稱謂，他所說的「部」，實際上是指淡北地方的凱達格蘭族。伊能氏後來在明治三十二年一月正式地把平埔族分為十部，包括淡北方面的凱達格蘭族與宜蘭方面的噶瑪蘭族。

第二十六回 台灣通信

淡北方面平埔蕃的實地調查（八）

《東京人類學會雜誌》
第一五○號
明治三十一年（一八九八）九月二十八日

一、Paitsie社（擺接社）

在台北平原的中心地帶，朝東北方向貫流的大料崁溪〔大漢溪〕與北向的新店溪匯流，形成一個廣大的三角平原。新店溪的兩岸有Vūrawan（武勝灣）、Siuron（秀朗）、Ruiri（雷里）三個平埔蕃社。這三社的情形，已於去年的台灣通信中敘述過。

另外，在大料崁溪的西岸有擺接社(Paitsie)，因此近人將這三角平原稱爲「擺接堡」，是出之於這一個平埔蕃社名的，也就是說，這三角平原原是擺接社的領地。❶

我在去年〔明治三十年〕一月十日到擺接社調查。現在的板橋街原是一個小街市，位於蕃社的東方六、七町的地方。聞名的台灣富豪林維源的大宅第在市街內，勢力似乎壓倒了整個擺接堡。先住的平埔蕃受了移殖的漢人壓迫，只在社後庄〔台北縣板橋市社後里〕四周的竹林內，維持只有二十八戶，人口一百五十人的小部落。他們的生活習俗極度漢化了，只能在女子的結髮方式與沒有纏足這兩

---

❶擺接社在大漢溪的東岸，不是西岸。伊能氏所用的地圖，是明治二十九年三月十三日台灣總督府製圖部印製的二十萬分之一的地形圖，上面伊能氏標示了在一六二六年至一六四二年占領台灣北部的西班牙統治據點，西文與中文地名、部落名混雜在一起，因此難免弄錯了位置。

點上看到他們的舊俗。因此，古老的口碑也失傳了。我集合了社內的一些遺老，向他們詢問一些舊事，好不容易收集到下面一些資料。遺老說：

> 我們這一族的開基祖，名字叫Saiten，好幾百年前建立了Paitsie社。現在我們還舉行一年兩次的祭祖儀式。在乾隆初年歸附清廷，當時主要是以弓箭射鹿維生，後來熟悉了耕種方法，改為農耕生活到現在。

我在社內看到了一個陳舊的大貝殼，古時候是當做酒器的。❷

社蕃都已經忘了固有的語言，好不容易找到了一個老人，他還記得下面幾個語詞：

Mata	（眼睛）	Purukon	（鼻子）
Puro	（耳朵）	Kupi	（嘴）
Susu	（乳房）	Rima	（手）
Teten	（腹部）	Avaki	（腳）

從這些僅存的語詞與習俗可知，擺接社的社蕃與台北平原的其他平埔蕃同族。

二、Ruiron社（雷朗社）

我早於第十一回通信〈淡北方面平埔蕃的實地調查〉

---

❷大貝殼用以盛飯，平埔族把它稱為「螺碗」，但是也當做飲酒器使用。

中，記述了Ruiron社的情況。文中提到「雷里社與秀朗社是於康熙年間向清朝歸附的。後來在嘉慶年間，雷里社的人口減至八戶，因此與秀朗社合併成一個蕃社，取舊社名首尾一個字，合成雷朗社，當時有二十二戶，一百多人」。這是我在雷里社的舊址（台北城外艋舺的東南方十多町處）所聽到的。〔上述文中〕雷里社和秀朗社兩社名被倒置了，現在更正為秀朗社減至八戶，與雷里社合併成一個蕃社，也就是說當時雷里社有十四戶，秀朗社有八戶，共二十二戶。

後來，就在去年一月三十日，我到秀朗社做實地調查。

秀朗社位於雷里社的東南方約一日里處，隔著新店溪與雷里社相望。現居地已被改稱為秀朗庄，住民大部分是移殖的漢人，而所謂秀朗社已縮小了，成為庄內一部分，現在只有一戶四人（男女各二人）而已。我向這一戶人家問起蕃社變遷的情形。主人對過去的種種，似乎有無限的感慨，以令人悲憫的聲調說明，引述如下：

> 大約是二十年前左右，這裡原有八戶，因為受到漢人的迫害，失去了安穩的生計，而漸漸離散於別地方。去年只剩下二戶，另外一戶的戶長病亡，家族也搬走了，現在也不知道他們的下落。

這最後一戶人家也完全失去了固有的語言與習俗，但還保留一點傳說，可以說是秀朗社最後，而且最值得保留

紀念的部落史證言。繼續引述如下：

> 秀朗社的故址，原來在南方一日里左右的新店溪上游沿岸的平地。大約一百年前，故址常常受到水災，土地被河流沖刷，耕地縮小，不得已社內的十多戶一起離開故址，遷到現居地。

秀朗社舊址的社蕃不但遭受鬧水災而遷居的痛苦，移居於新址後又受到漢人的侵占，導致人口嚴重流失。現在按照年代，把人口減少的情形列示如下：

一百年前（移居現址時）：十多戶

嘉慶年間（六十年前左右）：八戶

二十年前左右：　　　　　　八戶

二年前：　　　　　　　　　二戶

現在：　　　　　　　　　　一戶

秀朗社與雷里社合併的時間，在道光年間（五十年前左右）。合併的原因，據說是清廷為了徵募屯丁的必要，下令執行的。❸

三、Ruiri社（雷里社）

關於雷里社的狀況，上次〔指明治二十九年九月六日〕沒有足夠時間詳細詢問他們的傳說，所以在第十一回通信

---

❸屯丁就是當隘勇的番丁。

稿中沒有談到。後來我又有機會再度訪問頭目陳正春，❹
這一次訪談時，他說有兩則口碑傳說提到創立雷里社的來
由：

> 很久以前，也不知道是那一個年代以前，祖先駕船
> 出海，在海上遇到颱風，船漂流到台灣來了。
>
> 祖先的故地在那裡，我們無從知道，只聽說是為了
> 避難而來到台灣的。

上面兩則傳說，分別提及無意的，以及有意的移居，
無論如何都說祖先來自台灣以外的地方，因此我認為這裡
的口碑與其他各平埔蕃社所傳的口碑很像。我又問：「創
立蕃社的開基頭人是誰？」陳正春回答說：「開基祖名叫
Māran（瑪蘭），是在康熙末年歸附清廷的。」

我繼續問他：「當初社蕃是如何開始漢化的？」他回
答說：

> 我們社蕃開始學習漢人的禮儀與倫常觀念，男子
> 留辮髮、穿漢式衣褲。我們本來沒有姓，清吏賜給我
> 們漢姓，如潘(Poan)、陳(Tan)、李(Ri)、王(On)、蠻
> (Van)等等。至於女子，只修改原來的服式，髮式是
> 放任的，不過女子大都遵從舊俗。

現在的各平埔蕃社，都已經漸漸地改從漢俗，只有女

---

❹明治三十年四月四日再度訪問。

子的結髮方式，還保存古風。我想頭目陳正春的話正是最好的說明。

四、Warā社（挖仔社）〔又名秀朗社本社〕

在上一節，我曾經談到秀朗社是雷朗社的一部分，是一個分社，而本社則在其南方。原來秀朗社是漢人所命名的，平埔蕃自稱Warā（挖仔）社。去年我調查分社後，於第二天到本社訪問。❺社址在新店溪上游的西岸，土地大部分都被入墾的漢人占用了，現在叫做「挖仔庄」，而Warā社是庄內的一部分，現在大概有八、九戶，四十多人。（在第十二回通信稿中，我說：「淡水十九蕃社中，挖仔社位於艋舺對岸，新店溪邊，雷朗社附近」，實際上我把分社誤作了本社。現在特地修正為「挖仔社位於新店溪上游的西岸挖仔庄內」。❻）

Warā社內有很多遺老，都還記得平埔舊俗，與淡北方面平埔各社的情形相同，例如屋內地面上鋪木板為床；上衣的袖子呈長筒型，上衣長達膝蓋；平時吃蒸飯；嚼米釀酒；舊時所佩的胸飾，都是用管玉狀的瑪瑙串連的，與其他平埔蕃社所見的一樣，現在還保存著。在這裡我採錄了一則口碑傳說：

---

❺明治三十年四月五日往新店溪上游方向訪查挖仔社。
❻挖仔庄、挖仔社位於今台北縣新店市柴埕里。請注意挖仔社與挖仔尾是兩個完全不同的地方。挖仔社在新店溪；而挖仔尾在淡水河出海口處。

我們蕃社的祖先，不知來自何方。古時候祖先乘船航海，在海上突然遇到颱風，船在颱風中漂流，最後到達一個海島，是台灣這個地方。登岸的地點是台灣的北海岸，地名後來叫Kunhao。祖先登陸後，隨即自海岸走入內地，在我們現在居住的地方，創設Warā社。當時從事獵鹿、農耕並重的生計，但現在只做農耕的工作。大概是在一百多年前歸附清廷的。

（伊能原註：請參照第十、十一、十五回通信稿中口碑記事。）

我相信上面這一則口碑，對於研究這一地區平埔蕃的歷史來由是個好材料，內容大致上和雷里社所傳的一致。

社蕃所能記憶的固有語言並不多，雖然多少有些變化，確是與淡北方面其他平埔蕃社的語言相同的。抄錄如下：

Saka	（一）	Tsusa	（二）
Turu	（三）	Sma	（四）
Naru	（五）	Tsuro	（六）
Yinai	（七）	Tonai	（八）
Satorunai	（九）	Uru	（頭）
Mata	（眼睛）	Ruku	（鼻子）
Muro	（耳朵）	Anipe	（嘴）
Ma^{n}gutsa	（牙齒）	Susu	（乳房）
Atten	（腹部）	Tsima	（手）

Hhai	（腳）	Kape	（衣服）
Sunai	（飯）	Papui	（茶）
Karavao	（水牛）	Avasa	（狗）
Turuko	（鷄）		

　　總而言之，Warā社是淡北方面各平埔蕃社中，位於最東南端的一個蕃社，實地調查的結果發現與其他平埔蕃社大同小異，這一個事實，相信對於整個淡北方面平埔蕃的研究，有很大的幫助。

第三篇
淡北及宜蘭方面平埔蕃的創社與分布

第二十四回 台灣通信

淡北及宜蘭方面平埔蕃的創社與分布

《東京人類學會雜誌》
第一四八號
明治三十一年（一八九八）七月二十八日

現在我們打開台灣地圖來看看地勢。台灣像一片細長的樹葉漂浮在水上，北部有富貴、北斗、三貂三個岬角，形成一個不規則的山字形，左邊凹進去的地方是雞籠港，而右邊凹進去的是浥底灣，也是我軍占領台灣時最早的登陸地點，這歷史的一頁不可忘記。❶

據傳聞，占據台灣西部的先住民平埔蕃中，有一部分族人最初登陸的地點，也是在浥底灣。灣內中央地方，現在幾乎是清一色的移殖漢人的部落，地名浥底。從浥底沿著海岸向東延伸的地方，叫三貂社(Santẏao)，是一個平埔蕃部落，現在有一百零六戶，人口五百零四人（男二百八十一人，女二百二十三人）。這三貂社是淡北方面各平埔蕃社當中最大的一個社。❷

關於三貂社，《台灣府志》寫成「三貂四社」。大約七十年前的道光元年〔一八二一〕正月，姚瑩從台北進入宜蘭地方，在他的〈台北道里記〉裡記載：「三貂嶺，山

❶浥底灣，今稱三貂灣。此處所謂占領，指一八九五年甲午之役後台灣割讓給日本，日本派軍接收台灣。

❷北斗角，今名鼻頭角。浥底，今名澳底。日本官方文書記載日軍在澳底（浥底）登陸，其地今名鹽寮，但實際上在廣闊的三貂灣登陸。三貂社分布在細長的海岸線，自澳底至福隆海岸一帶，社眾與分布在淡水河近海口地方的平埔族一樣，都是凱達格蘭族。平埔族是南島語系的海洋民族，最初的年代居住在海岸，尤其是溪流出海口一帶，以漁撈為生。

界廣約數十里，內藏生番，其外熟番，有社云云」。他所謂熟番，可能是指我們現在所說的三貂社蕃了。

　　當時三貂社蕃所占居的區域相當廣，從位於三貂嶺山界與其東方草嶺之間的雙溪河平原起，向北延伸到洩底灣的東西方向海岸一帶，形成四個部落。在姚瑩的道光年代，許多漢人入墾台灣，到處驅趕土著蕃人，並大規模侵占其原來的土地，結果漢人的作為也波及山深谷幽的三貂社僻地。因此，〈台北道里記〉中也提及三貂嶺的無業流民入山抽籐維生者，為數達數百人。廣闊的三貂社地界，也遭漢人侵占，最後社蕃退到洩底灣附近的一角。

　　現在的三貂社其實是一塊濱海的荒地，土地貧瘠。北方十多町處有一條溪，溪的對岸有一個叫做舊社庄的漢人部落。三貂四社中的一個舊社故址，就在舊社庄的位置，而現在的蕃社可能是遷徙後形成的新社。❸

　　三貂社的社蕃現在幾乎全盤漢化了。從舉族向山麓僻地退居，建立新社的事實看來，至少還保存一些器物和口碑，供我們研究舊日的生活習俗，也可以找到很多尚能記憶固有語言的遺老。從遺物看到的，或從口碑的傳聞，我發現三貂社的習俗，與宜蘭方面的平埔蕃，亦即Kuvarawan人的習俗大同小異。❹

　　我試舉口碑為例，口述出來的平埔蕃舊俗，大體上有

---

❸三貂社的新社與舊社都在今台北縣貢寮鄉雙溪河出海口附近。舊社在溪北龍門村，新社在溪南雙玉村北端。

下面五項：

第一、三貂社平埔蕃使用木板，把房屋蓋成覆舟的樣
　　　子，有些屋子裡面有各種雕刻。

第二、社蕃自己會製造飲食用的陶器。陶器分為有印
　　　紋的及無印紋的，形式與宜蘭方面平埔蕃的陶
　　　器一樣。

第三、社蕃穿開襟有袖的衣服，上面披上「方布衣」，
　　　現在還有留存。

第四、社蕃戴管玉狀的瑪瑙串珠當頸飾，也戴用串珠
　　　綴成的頭飾與耳飾，現在還有留存。

第五、社蕃現在仍然遵守著每年農曆十一月祭拜祖先
　　　的舊俗。❺

　　從目前的地理位置看來，三貂社應該有更多的舊俗留

---

❹Kuvarawan人，今稱噶瑪蘭人。明治三十一年（一八九八）伊能氏撰寫本
篇通信稿時，第一次提到宜蘭的平埔族叫做Kuvarawan人，淡北方面的平
埔族叫做Ketaⁿganan人，在台灣平埔族的研究歷史上，跨出了一大步，值
得我們重視。直到明治三十二年一月，伊能氏呈交《台灣蕃人事情復命
書》時，才正式宣佈族名。

❺伊能氏所謂形如覆舟的屋式，一般稱為干欄式房屋，是南島語族現在還盛
行的竹木長屋，用許多木柱支撐，懸空的木屋與地面之間，架設木梯出
入。至於印紋的陶器，如已出土後展示於台大人類學系者，有圈點印紋與
方格印紋，造形優美。平埔族婦女頭上所戴的珍珠頭飾，依人類學家鳥居
龍藏於一八九六年實拍的照片看來，是戴於頭布上，位於前額，造型精緻
美麗。至於服式方面所提到的「方布衣」，形如和尚的袈裟，相當於披
肩。其穿法是從左腋下，向右肩披上，將二條綁帶繫於右肩上。三貂社所
謂每年農曆十一月祭祖，與淡水、台北方面分為春、秋兩祭的習俗，稍為
不同。

存。但是，三貂社這樣高度漢化的原因，實際上是歷史上的變動所促成的。《噶瑪蘭廳志》裡有關開蘭始祖吳沙的傳記，有如下的記載：

> 漳民吳沙渡台⋯⋯，寄住於三貂社。三貂爲淡水當時極北之界，越嶺即噶瑪蘭，有三十六社。相傳噶瑪蘭者，人跡所不經之地，往往以化外置之。吳沙因久住三貂，開蘭出物，與番交易⋯⋯。此乾隆五十二年間事也。

漢人移居三貂社的時間，是距今約一百一十年前，我想多半是由於外來移民的刺激，而三貂社才變成現在這個樣子的。當時，吳沙爲了開拓噶瑪蘭的大荒原，把三貂社當做根據地，招募原籍漳州、泉州，以及廣東的無業流民加入墾荒，〈吳沙傳〉述及：「三籍聞風，視爲逋逃藪，來者日益衆」。吳沙更進一步地用盡各種手段籠絡蕃人，力求在蕃人社會獲得信用，因此目前各平埔蕃社內，甚至有社蕃口出「吳沙是我們平埔蕃社的開基祖」這樣的話。吳沙這一批外來的勢力，毫無疑問地以更快的速度，誘導平埔蕃社舊俗發生重大變化。

三貂社的固有語言，今日已成死語，不過還能記憶蕃語的老人，還是不少。三貂社確實是淡北及宜蘭兩方面平埔蕃的「第一形成地」❻，換句話說，是兩支枝椏的主

---

❻最初創立的蕃社，或拓殖的根據地。

幹，也是兩條支流的源頭。三貂社可以說是溝通這兩方面平埔蕃社的起點，因此我將在這兒探集到的重要平埔語彙（只是名詞而已）列在下面，以供參考：

Tsa	（一）	Usu	（頭）
Lusa	（二）	Mata	（眼睛）
Tsru	（三）	Voro	（耳朵）
Supǎ'	（四）	ⁿGutsutsu	（鼻子）
Tsima	（五）	ⁿGaⁿga	（——）
Anum	（六）	Maⁿgtsao	（牙齒）
Pitu	（七）	Tsitsu	（乳房）
Watsu	（八）	Tten	（腹部）
Siwa	（九）	Tsima	（手）
Ravatan	（十）	Ha	（腳）
Ratsivo	（百）		
Rararan	（千）		
Ravatan-Rararan	（萬）		

在這兒，讓我解釋爲什麼三貂社是淡北與宜蘭兩地平埔蕃的「第一形成地」。原來，平埔蕃決不是單純的一個族群，而是混合的人種。這一點，我們可以從各方面加以證實（〈平埔蕃通論〉，容後補述）。目前分散於台灣各地的平埔蕃，從他們的現況來看，是共有特殊性質的一群，足堪形成一個族。更進一步地從地理上的分布，以及具有地方特性的現況來看，可以細分爲「九部」。❼

淡北與宜蘭兩個地方的平埔蕃雖然分為兩部（兩個Parts），但是互相連接為鄰，而且具有十分親密的關係，從這一點可以證明兩地的蕃社群來自同一棵樹幹，是從最先建立的三貂社分出的。

第一個證據：歷史口碑的一致性

淡北方面的平埔蕃（即Ketaⁿganan）與宜蘭方面的平埔蕃（即Kuvarawan）的口碑是一致的，在前文中分別引述過，在這兒摘要列舉如下表：

（甲）淡北方面Ketaⁿganan（凱達格蘭人）口碑

北投社：祖先原居Sansai之地，為了避難而航行於海洋，最後登陸於台灣北部的深澳，子孫繁衍後建立各蕃社。（〈第十五回通信〉）

毛少翁社：開基祖Kivao是Vaki・tononan的兒子，曾經駕船航行，船漂流到台灣登陸。他的本國是Tanyyan（東洋）。（〈第十回通信〉）

八里坌社：七個兄弟駕船離開唐山（中國大陸），船漂流到台灣北海岸登陸。子孫繁衍後在各地設立分社。（〈第十一回通信〉）

---

❼清人把平埔族歸入「熟番」，以別於「生番」，一直強制施行漢化政策，但對於族群從來沒有加以研究。伊能開始調查時，日本學術界還沒有人投入研究。伊能首先提出平埔族分為「九部」，否定了清人所誤認的單一性族群說法。明治三十二年（一八九九）一月伊能氏向台灣總督府民政長官呈交《台灣蕃人事情復命書》，書中將「九部」修正為「平埔十小群」，也就是十支不同的族群。這十小群中，Ketaⁿganan（凱達格蘭族）位列第九；Kuvarawan（噶瑪蘭族）位列第十。

武𦛨灣社：祖先是在漢人移殖台灣之前，從別處來的
　　。（〈第十一回通信〉）

蜂仔峙社：祖先從唐山渡海來台灣的。里族社、搭搭
　　攸社、錫口社的口碑與蜂仔峙社同。（〈第十一
　　回通信〉）

雷里社：祖先是駕船漂流到台灣北海岸登陸的。（〈
　　第二十六回通信〉）

（乙）宜蘭方面Kuvarawan〔噶瑪蘭人〕的口碑

抵美社及其他各社：祖先名叫Avan，從Mariryan一
　　地駕船，渡海到台灣北部海岸登陸，然後移居到
　　本社。（〈第二十回通信〉）

綜觀上面的七則口碑，除了他們祖先的故地不盡相
同，以及來台的原因稍為不同外，淡北與宜蘭兩方面平埔
蕃，都一致地說：祖先從海外某地經由海路進入台灣。其
次，過半數（七則中有四則）的口碑，特別指出在台灣北
部登岸；三則口碑指出在登陸地點建立蕃社，後來才分散
的。三貂社的歷史口碑雖然簡單，但是足夠連貫各社的口
碑：

　　　　我們平埔蕃原來住在Sansai地方。曾經因為出海捕
　　魚，船在海上遇到颱風而漂流，其中有兩隻船抵達這裡
　　的海岸（即洩底灣），不得已登岸居住。同舟抵達的二
　　十多人中，Uke是頭人，❽建立了三貂社。這是幾千幾

百年前的事，他們確實是我們平埔族的開基祖。子孫繁衍以後，社蕃就各自分散，部分的社蕃成為宜蘭的平埔蕃，另外的一部分則移居於鷄籠地方。

從上面的口碑可知，台灣北部的洩底灣是平埔蕃的登陸地點。在沿海之地形成一個部落據點，後來分成兩支，分別遷移到宜蘭方面與鷄籠方面。❾這一則口碑恰好成為各社口碑的總合。因此，我想三貂社是平埔蕃來台後第一個建立的蕃社，也就是「第一形成地」。這個口碑提供了論證的基礎。

第二個證據：生活習俗的關聯性

我們拿三貂社的生活習俗，與淡北、宜蘭兩方面的平埔蕃生活習俗，作一個比較，可以了解猶如樹幹與枝椏的關係。表列如下：

舊屋的形狀	舊陶器的形狀
淡北：舟形木屋，架設梯子供出入（蜂仔峙社）。 木屋，牆壁無雕刻（毛少翁社）。	淡北：圓底縮口，無紋飾（各社）。

接下頁

❽頭人，又稱頭目、土目，是族長之意。

❾在台灣北部三貂灣（洩底灣）登陸以後，形成三貂社，後來才遷移到宜蘭平原及北部海岸各地。鷄籠方面，指小鷄籠（三芝）及大鷄籠（基隆）方面。

宜蘭：舟形木屋，地面舖木板為床，牆壁上有雕刻。	宜蘭：圓底縮口，有紋飾。
三貂：舟形木屋，牆壁雕刻或有或無。	三貂：圓底縮口，紋飾或有或無。

從表上各點事實，可以推測淡北、宜蘭方面的生活習俗，在形式上相同，只在枝葉上稍為不同而已，實際上是以三貂社為中心基點，向淡北與宜蘭方面分岐的。換句話說，三貂社同時有淡北、宜蘭兩方面平埔蕃的特徵，兼有兩方面在習俗上的差異，當然可以斷言三貂社是主幹。

第三個證據：語言上同系屬

淡北、宜蘭兩方面平埔蕃的固有語言，當然是同一系屬，彼此之間有一些不同，都是從三貂社這一個中心基點分出的。三貂社的語言兼有兩種差異，顯然地語言也與生活習俗一樣，是以三貂社為主幹，再向淡北、宜蘭方面分出的。❿現在將一些語詞列成一對照表如下：（三貂社的固有語言，現在已成死語，因此無法做出精確的羅馬字拼音。）⓫

---

❿淡北方面的凱達格蘭族與宜蘭方面的噶瑪蘭族，在地理上鄰接，長期有往來接觸，所以兩地的語言曾經互相影響過。在這裡，伊能氏強調三貂社的語言特徵，證明三貂社是在台灣最先建立的部落。

詞義	三貂社	淡北方面蕃社	宜蘭方面蕃社
一	Tsa	Tsa（鷄籠社）	Isa
二	Lusa	Lusa	Lusa
三	Tsɨu	Tsüú	Turu
四	Supăˈ	Spăˈ	Supăˈ
五	Tsima（或Rima）	Tsima	Rima
六	Anum	Num	Anum
七	Pitu	Pitu	Pitu
八	Watsu	Watsu	Waru
九	Siwa	Siwa	Siwa
十	Ravatan	Ravatan	Havutin

　　根據上面三個証據，我們不難確定：三貂社是淡北及宜蘭兩方面平埔蕃的「第一形成地」。

　　其次，平埔社蕃在三貂社形成第一個蕃社據點後，朝向那一個方向分岐的呢？

　　其一是南行。依照三貂社的口碑，社蕃沿著海岸東行，在三貂角折向西南，沿著大里簡海岸到頭城，再以頭

---

❶伊能氏的對照表，主要的是要顯示語詞的極小變化而已，所以略去詞義。詞義是譯者所加的。他在淡北方面調查凱達格蘭語，共列出圭泵社等七社的數詞，互有異同，部分則有極大差距。例如「十」，圭泵社、雷朗社、蜂仔峙社，都是Ttan，搭搭攸社是Atan，里族社則是Attam，而表中的Ravatan出處似乎有疑問。不過，日本語言學者淺井惠倫生前未發表的筆記〈平埔蕃Basai〉，曾經提到凱達格蘭族的一支Basai族（巴賽族），將「十」說成Labatan，可見伊能氏的採錄有所根據。

城為起點分成兩路：一路沿海岸，另一路沿山麓朝向南方分布，構成宜蘭這一帶的平埔蕃社群。

其二是西行。社蕃沿著海岸向西繞北斗角〔鼻頭角〕而進入鷄籠平原，建立一個部落，做為第二個據點。我曾經在台北平原的北投社，採集到一則平埔蕃的口碑：

> 我們這一族在台灣北海岸登陸後，居住於鷄籠，我們把它叫做Vvasai，後來子孫繁衍，分布到現居地。

社蕃在鷄籠平原的據點建立了Kūvu社（龜霧社），也就是漢人所稱的大鷄籠社，再以Kūvu社為起點分成兩支擴展：一支沿著海岸西北行，在金包里〔金山〕建立Kimpaoli社（金包里社）；其中部分的社蕃繼續前進到台灣正北端的富貴角，就進入打賓平原；另一部分〔往三芝〕建立Vavui社，也就是漢人所稱的小鷄籠社。 ⑫

Vavui社的社蕃，繼續以其社為起點，分成兩小支：一小支折南而行，在大屯山的北麓建立Keipakton社（圭北屯社），也就是漢人所稱的大屯社；而另一小支則沿著西海岸南下，部分的社蕃在圭柔山庄附近建立Kējyusoan社（圭柔山社，今已不存）；其他部分的社蕃，則沿著淡

---

⑫鷄籠平原指基隆港附近的細長海岸地帶，而大鷄籠社原來位於港邊海岸，後來遷至社寮島（和平島）南岸。金山的平埔土名是Kitapari，讀音被轉訛為金包里，Kimpaoli則是漢名「金包里」的台語譯音。富貴角的平埔土名是Tapin（打賓），伊能氏引申其義，將將富貴角一帶的北海岸地帶，叫做打賓平原。關於三芝、淡水一帶各部落的名稱與位置，請參照本書第二篇〈淡北方面平埔蕃的實地調查〉記錄。

水海岸進入淡水河口北岸，也就是現在的淡水港邊，建立Paktao社（漢人所謂外北投社，今不存）。

轉進到淡水一帶的平埔社蕃，再分為二小支擴大：一小支渡淡水河，部分在南岸的觀音山西麓平原，建立Parihun社（八里坌社）；其他部分則沿西海岸南下，有的建立Namkàn社（南崁社），有的沿著龜崙嶺折東，到南麓建立Kūrun社（龜崙社）；另一小支沿著淡水河北岸東行，進入台北平原的北端，部分建立Paktao社，也就是漢人所稱的內北投社，其他部分再東南行，建立Mosyoang社（毛少翁社）。

從雞籠平原的據點大雞籠社出發的另一支，沿著基隆河的東岸西南行而進入台北平原。一小支在水返腳街〔汐止〕附近建立Pangasie社（蜂仔峙社），另一小支繼續西南下，部分在錫口街〔松山〕附近建立Sŷakao社（錫口社）。從錫口社起，有的沿基隆河折西北，建立Litsop社（里族社）及Tatayū社（搭搭攸社）；有的繼續西南行，至台北城外的商業區大稻埕邊建立Kēpong社（圭泵社）。從大稻埕起，有的渡淡水河，在現在的新莊海山口附近，建立Vurawan社（武勝灣社）；有的從大稻埕南行，〔在今台北市雙園區〕建立Ruiri社（雷里社）；更有的渡新店溪，部分在今〔台北縣〕板橋附近建立Paitsie社（擺接社），部分在新店溪上游西岸建立Warā社，也就是漢人所稱的秀朗社。請參照「分歧進向圖」。❸

淡北方面平埔蕃的分布路線，並非憑個人的想像力，
而是根據下面四點準則，作成以上的概述。

一、各蕃社關於祖先遷徙的口碑。
二、共有一個祖先而且彼此和睦往來的蕃社，其相對
　　位置足堪認定是由原居地同時分離的。
三、平埔語方言由於地理上的遠近而變化的程度。
四、地理上的形勢。

附記

　　爾來漢人一波波的侵占行為，在淡北方面迫使原先獨
占其地的平埔蕃，敗於生存競爭，淪落為孤立的弱勢族
群。想到這裡，我不禁興起今不如古的浩嘆！現在再概括
地回顧各平埔蕃社的收場、近況是怎麼樣。

大鷄籠社（Kūvu社）──由於鷄籠〔基隆〕市街的興
　　建，本社社蕃被驅逐到東邊田寮庄附近及社寮
　　島。❹
金包里社──漢人占用了本社社蕃的大部分土地，建
　　立了金包里街。❺

---

❸伊能氏的「分歧進向圖」沒有收入東京人類學會雜誌，可能已經佚失了。
他的蕃社系統分布論，似乎有些勉強，部分與平埔族的口碑傳說不同。大
致上平埔族在最初的年代裡，從海岸的溪流出海口，向內陸擴展，無論是
早期或晚期，族人都在溪邊過漁撈與耕獵的生活。
❹田寮庄，今基隆市信義區博愛運河一帶，舊田寮港（溪名）的溪岸。社寮
島今稱和平島，「社寮島」，顧名思義，即番社寮之島。

小鷄籠社（Vavui社）——其東、南、北三面受到了
　　漢人各庄蠶食侵占。

大屯社（Keipakton社）——被包圍在漢人的大屯庄
　　內，已縮成一個寄生的社區。

圭柔山社——本社已消失了，社蕃也已滅亡，只有同
　　名的漢人圭柔山庄，暗示其地原爲圭柔山社故
　　址。

外北投社——受制於漢人滬尾〔淡水〕市街的繁榮，
　　本社好像是巨樹下的弱草一般，消失了。

八里坌社——社蕃離開故址，渡淡水河至北岸，今淡
　　水港的東方約二日里處，也就是關渡山的西麓居
　　住。（這個遷徙事件，據《裨海紀遊》記載，是
　　荷蘭人驅逐社蕃所引起的。）

南崁社——現在只剩下海岸尺寸之地。❶❻

龜崙社——分上、下兩社；四周的土地已被漢人占去
　　了。❶❼

內北投社——已被漢人的北投庄奪去了一大半的土地
　　，蕃社只剩山邊的大社。

毛少翁社——社蕃現在幾乎與漢人混居著。

---

❶❺ 蕃社被擠到金包里的一個角落，古地名叫「社寮」。
❶❻ 南崁社舊址在今桃園縣蘆竹鄉五福村「廟口」，亦即林口台地西南崖下，
　　南崁溪中游。後來遷到下游近出海口地方，地名叫「番仔厝」。
❶❼ 俗稱「平埔蕃南崁四社」之一。龜崙社舊址在龜崙嶺南麓，今桃園縣龜山
　　鄉龜山村。伊能氏調查的時候，已經分爲北邊楓樹坑的「頂社」及新路坑
　　的「下社」，均在南崁溪上游。

蜂仔峙社──因為水返腳街市街的興建，社蕃被迫退
　　到基隆河對岸的山邊居住。

錫口社──舊社址已成為錫口街，還保留著社名。社
　　蕃已遷到東方約二日里處的樟樹灣僻地，現在只
　　剩二戶。地名也改為番仔寮。❶

里族社──原社址還有社蕃留下，但漢人已占去了百
　　分之九十的土地。

搭搭攸社──（仝上）

圭泵社──社址現已成為商業中心，社蕃被夾在市街
　　間，已不堪與漢人作生存競爭。咸豐九年、十年
　　〔一八五九、六〇〕，漳州人與泉州人分類械鬥
　　時，為了避禍，社蕃集體逃往基隆河北岸大直庄
　　內，設立圭泵社的分社。❶

武勝灣社──因為水災，社蕃已遷到新店溪南岸的港
　　仔嘴，建立舊社與新社。❷

雷里社──已經被漢人的加蚋庄蠶食，但社蕃仍在原
　　址。現在與新店溪對岸南方一日里處的「秀朗社
　　的分社」（現在只有一戶）合併，稱為雷朗社。❷

---

❶新址在今台北縣汐止鎮樟樹里，基隆河Ｕ型彎曲內。
❶所謂商業中心，指台北市的大稻埕，今延平北路一帶，當時是全台北的商
　業中心。大直庄，今台北市大直。
❷遷徙後最初建立舊社於港仔嘴，今台北縣板橋市港嘴里，部分的社蕃又分
　離，在樹林建立新社。港仔嘴在新店溪西岸，不是南岸。
❷雷里社故址在今台北市雙園區東園國小一帶。「秀朗社的分社」，在今台
　北縣永和市秀朗里。

擺接社——社蕃現在只是孤守於一小竹林內，廣闊的擺接平原，已被漢人侵占了。㉒

秀朗社（挖仔社）——現在漢人已建立挖仔庄於其地，社蕃與漢人混居。已如上述，分社已經和雷里社合併。㉓

根據以上分段敘述過的各項事實，假如要作出概括的結論，我可以斷言：淡北及宜蘭兩方面的平埔蕃族，都以台灣北部三貂社為第一形成地〔首次形成的據點〕，後來分成兩支，分別向淡北及宜蘭方面移動，進而分布到現在各社的位置。

平埔蕃社名譯義

宜蘭方面平埔蕃社名與地名，有的含有某種意義，已於前文敘述過。在淡北方面的蕃社名與地名，也有原來的含義，在此補述一下。不過，淡北方面的平埔語已成死語，無法舉出很多例子來說明。㉔

(1)Paktao社（北投社）：平埔語Paktao，是替病人祈禱的巫女。社內可能有巫女居住而得名。

㉒社址在今板橋市社後里。板橋原屬擺接社故地，地勢平坦，所以稱為擺接平原。

㉓舊社（本社）叫做挖仔社，位於新店溪西岸，今台北縣新店市柴埕里。

㉔本文亦即第二十四回通信稿，本來是宜蘭平埔族踏查完畢後，才補述淡北及三貂社部分，因此伊能氏才說已敘述過宜蘭方面的地名與蕃社名。

(2)Tatayū社（搭搭攸社）：平埔語的Tatayū是平埔蕃
女子的頭飾。《台灣府志》〈蕃俗〉之章曰：「番
婦頭帶紗、頭箍，名答答悠。用白獅犬毛作線，織
如帶；寬二寸餘，嵌以米珠，飲酒、嫁娶時戴
之」。❷

(3)Vavui社（小鷄籠社）：平埔語的Vavui是豚，可
能是本社養很多豚；足夠供給別的蕃社，因而得
名。

　　上面三個例子，顯示平埔蕃將自己的居處有某種特別
的人或物，當做社名。有的把蕃社附近的土地具有特殊意
義的，也當做社名。例如台北城西側的古老街市艋舺
(Mankā)〔台北市萬華〕。平埔語的Mankā，是獨木舟之
義，這一帶的平埔蕃駕獨木舟往來於淡水河，可以徵之於
姚瑩的〈台北道里記〉：「……至暖暖；地在兩山中，俯
臨深溪，有艋舺小舟，土人山中伐木，作薪炭枋料，載往
艋舺（地名）。」現在的艋舺一地，原是蕃舟停泊處，由
蕃語Mankā（小舟）轉為地名。

　　地名「鷄籠」(Kēran)，可能也是平埔語。淡北方面
的平埔蕃，自稱為Ketaⁿganan，而大鷄籠社原是第二個蕃

❷位於台北市的台灣省立博物館展示著平埔族女子的頭飾「答答悠」，以及
其他胸飾，讀者若有興趣，可前往參觀。伊能氏所引用的《台灣府志》蕃
俗之章，內文與今日通行的版本不同。他所引用的原文如下：「用白獅犬
毛作線，織如帶，寬一寸餘，娶時戴之。蕃最重此，大發縱指示，百不失
一，或以牛易之，尚有難色。」

社據點，把蕃社一帶的土地也稱為Ketaⁿganan，後來地名中的taⁿga兩個音節消失了，而且平埔蕃語中n音與r音常常混用，因而簡稱Kēnan，轉訛為Kēran，不過我的解釋只是將浮現於腦中的意象記下來的，暫且存疑，等日後再查明。Ketaⁿganan平埔蕃將族名當做為地名，與泰雅族一樣。泰雅族自稱為Atayal，同時將山上的居住地也叫做Atayal。

一般將台北平原北部、基隆河以北的地方，稱為八芝蘭(Patsiran)。這個地名可能也是蕃語。已成死語的平埔蕃語中，Patsiran究竟有什麼含義，現在還不清楚。按布農族Matsoan部（西半部）郡大社所轄的Ipako社，有一條溫泉溪，布農人稱為Patsinan，既然平埔語與布農語之間，往往有很多相似的語詞，兩種語言中對「溫泉」也有相同的稱謂，由普通名詞轉為固有名詞（地名）。事實上，八芝蘭中央部分的山麓，有兩條溫泉溪流出，貫通北投地區，流入淡水河。北投社蕃古來就知道此地有溫泉湧出，因此二百年前漢人來此地探險時，蕃人嚮導沿著溫泉溪向上游溯行，對這個漢人說：「這是沸泉」。㉖

㉖深入北投探險的漢人是郁永河。伊能氏在台灣調查時，足跡未到郡大溪的布農族伊巴厚社，布農族將當地溫泉稱為Patsinan，可能是傳聞之言，後來日人的調查報告與地圖，均未顯示Patsinan溫泉。

第四篇
宜蘭方面平埔蕃的實地調查

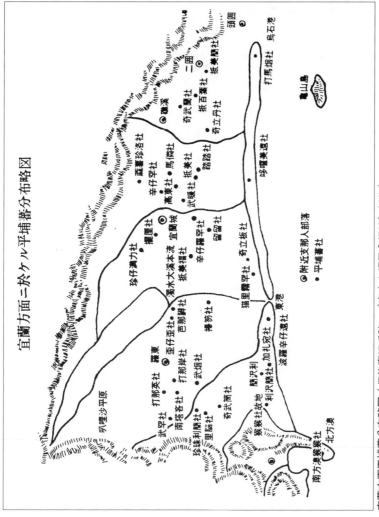

宜蘭方面平埔蕃分布略圖（伊能嘉矩手稿，《東京人類學會雜誌》製作）

第十八回
台灣通信

宜蘭方面
平埔蕃的
實地調查

《東京人類學會雜誌》
第一三六號
明治三十年（一八九七）七月二十八日

　　去年〔明治二十九年〕十月一日至二十四日，我到台灣東北部的宜蘭方面，進行二十四天的實地調查。

　　宜蘭這地方，北以峻險的草嶺與基隆為界，南至蘇澳，隔著蘇澳山脈與台東平原為鄰，西側一帶則是連綿的峻嶺，屹立如屏障，構成漢人所謂Kapsiulan〔蛤仔難〕山脈，也就是台灣脊樑山脈的北端。❶古來宜蘭的山地，是世稱南澳蕃、溪頭蕃等山蕃所蟠踞之地，而山麓到東方海岸一帶是平原，三面被山嶺襟帶一般圍護著，面積是大約三十平方日里。在這個大平原裡，住著已經歸化的平埔蕃三十六社，居地與移墾其地的漢人部落接近。（歸化蕃一般稱三十六社，但有些蕃社分為幾個小社，所以實際上平埔蕃社多至四十社。）

　　因為平埔蕃社很多，加上此行目的是歷史、地理的考察，我沒有能夠在短時間內逐一調查，甚至連一個平埔蕃社都沒有辦法做充分的研究，這是我最感到遺憾的事。調查的時候，當地經常有土匪出沒，幾乎三分之二的行程是在警戒護衛之下進行，而對於遠離漢人部落（有我軍守備隊、警察駐紮的地方）的平埔蕃社，也常常因為受到警

---

❶Kapsiulan（蛤仔難）山脈，指中央山脈東北稜，三星山階段山地。

告，而放棄前往。

雖然遇到種種障礙與困難，幸賴平埔蕃總頭目振金聲（Tsimkimsyen）以及其他淳樸的平埔蕃，在談話與行動方面給我很大幫助，使我能夠探悉這一帶的蕃情，也因此能夠寫出本報告。我在此謹向這些平埔友人表達謝意。

我已經在前信中，報告過關於平埔蕃的習俗與特殊見聞，本篇是宜蘭地方平埔蕃的蕃情概述。爲了閱讀方便，分爲下面七章加以說明：

第一章　實地調查行動的概述
第二章　關於平埔蕃的口碑及歷史
第三章　蕃社的分布與地理
第四章　平埔蕃過去的習俗
第五章　平埔蕃目前的習俗
第六章　平埔蕃的語言
第七章　調查宜蘭方面平埔蕃現狀的學術價值

第一章　實地調查行動的概述（一）

明治二十九年九月下旬，受命於東京帝國大學理學部來台調查動物的多田綱介，據說要前往宜蘭方面，而我的好友粟野傳之丞，也爲了研究動物要一起去，因此我有機會與他們兩人同行，我打算在宜蘭方面做概略的史地調查。

多田與粟野兩人於九月底從台北去基隆，我於十月一

日從我在八芝蘭〔台北市士林〕的寓所出發，二日在台北搭上火車到基隆。抵達時，他們兩人正在海上調查基隆附近的海洋生物，據說在船上至少要停留一夜，於是我利用三日那一天調查基隆的平埔蕃。

基隆的平埔蕃住在基隆港口的社藔島〔基隆市和平島〕南岸，幾乎與移住的漢人村落「社藔庄」鄰接。關於社藔島上平埔蕃的事，將於另章詳記，在此略而不談。我在此停留半天，四日想要到北方的金包里〔台北縣金山〕實地調查那裡的平埔蕃，但是有人警告我，說單身去金包里很危險，不得已放棄此行。剛好這個時候，多田與粟野兩位完成了海上工作而上岸了，於是我就邀請粟野同往距離基隆南方約一日里處的暖暖街（三貂山脈的北麓）。

暖暖街只是一個山谷內的小市街，戶數一百四十五，人口九百多，居民主要的是來自泉州的移民。暖暖街雖然是偏僻的地方，但卻是一個史蹟地。七十六年前，亦即道光元年〔一八二一〕，噶瑪蘭通判姚瑩所著的《東槎紀略》裡，有一篇〈台北道里記〉，引述如下：

> 過此天山嶺……至暖暖；地在兩山之中，俯臨深溪，有艋舺小舟，土人山中伐木，作薪炭枋料，載往艋舺。鋪民六、七家，皆編籬葺草，甚湫隘，每歲鎮道北巡及欽使所經，皆宿於此。

如今，全街的七、八成是鋪戶，屋頂是用瓦片覆蓋的。過去七十年來，當地的生活已有這麼大的變化，可見

居民生計的發達，強烈地影響到習俗的變化。我們於當天返回基隆。

十月五日，與他們兩位一起踏上往宜蘭地方的旅途。五日這一天，我們在距離基隆三日里多的瑞芳過夜。瑞芳是山谷裡的市街，位於聞名的三貂嶺下，而三貂嶺正是聞名的土匪巢窟。有人警告我們日暮以後不可以繼續行走，所以在此過夜。

我記得去年一月，土匪大舉入侵台北的時候，瑞芳這個市街是最初被襲擊的地方，全市街在兵火中毀滅，如今居民看來都只能在臨時搭蓋的草屋過日子，共有六十戶。但是，耆老說二十年前這裡只有二、三戶農家而已，自從附近的九份山發現了金礦，而且貫穿市街的瑞芳河也有砂金可探，才發展成一個市街。

原來的三貂嶺舊道，只是一條長約三日里的山路，古來有「難關」❷之稱。舊道並不經過瑞芳，而是從我們前天去過的暖暖街向東伸長，經過楓仔林而登上三貂嶺。

這一條舊道，原是一個名叫白蘭的移殖漢人最早開鑿的。當時的人對於白蘭獨自開鑿這一個天險，供人通行的大工程，大為驚訝，傳聞這個驚人的工事，並不是白蘭個人的力量所完成，而是白蘭借助神力加以完成的，這是舊文獻所記載的事。另外有一條通往宜蘭後山的道路，是從基隆沿海岸到深澳，再從深澳登越三貂嶺的舊道，因為路

❷指很難通過的山隘。

途遙遠，行走的人很少。

　　十月六日清晨準備妥當後出發，沿著三貂嶺舊道越過難關，當天不巧下起雨來，前行困苦。但是，目前我們的軍隊已開新路通到山腰，所以登越已經是容易多了。這一段三日里的山路，自始至終穿越一層一層的山嶺，可以說是詩人作詩的好材料。我們安全地通過三貂嶺的難關後，下到山谷中的一個市街，叫頂雙溪。

　　我在此請讀者原諒我就三貂嶺的歷史，補敘一些事蹟。距今十六年前的嘉慶十六年，有一個叫楊廷理的人，被上司交託開蘭事宜，他受命後一面重修這條越嶺路，一面向後山的宜蘭推進。❸

　　楊廷理在旅次寫了一首詩：

　　　　蕉符肆志妖氛重，黎庶驚心眼界舒；
　　　　漫道經行曾萬里，危嶺措足步徐徐。

　　他自己詮註詩句如下：

　　　　由艋舺、錫口至蛤仔難，中歷蛇仔形❹、三貂、
　　　　嶐嶐三大嶺，過溪三十六里，危險異常，生番出沒，人
　　　　多畏之。

---

❸此處年代有誤，嘉慶十六年（一八一一）應當是距離伊能氏往宜蘭調查那一年（一八九七年）的八十六年前而不是十六年前。楊廷理曾為台灣知府，開蘭之初入蘭駐辦創始事宜，從瑞芳四腳亭起開闢淡蘭官道。但是最初開舊道者白蘭氏是平埔族，不是漢族。
❹蛇仔形，今台北縣瑞芳鎮光復里，在侯硐火車站南側。

現在三貂大嶺山中尚有土匪巢窟，但是生蕃已退到南方的Kapsiulan山脈以南一帶。❺由此可知，過去的八十年中，台灣的脊樑山脈到處有山蕃占居。楊廷理又有一首〈上三貂嶺〉的詩，繼續引用如下：

> 衡嶽開雲舊仰韓，何來何福度艱難。
> 腳非實地何曾踏，境涉危機亦少安。
> 古徑無人猿嘯樹，層巔有路海觀瀾。
> 敢辭勞瘁希恬養，忍使番黎白眼看。

噶瑪蘭廳通判姚瑩的紀行文章，形容這條崎嶇的越嶺路如下：

> 盤石曲磴而上，凡八里至其巔，嶺路初開，窄徑懸磴，甚險。肩輿不能進，草樹蒙翳，仰不見日色，下臨深澗，不見水流，惟聞聲淙淙，終日如雷，古樹怪鳥，土人所不能名，猿鹿之所遊也。

路途上竟然有這樣大的天然障礙，一直使宜蘭平原保持著孤立的狀態。但是，現在另開闢一條官道於山腰，詩句所形容的那種特殊風土，也隨之減低了許多。姚瑩的遊記又說：

> 藤極多，長數十丈，無業之民，以抽藤而食者數百人，山界廣約數十里，內藏生番，其外熟番，有社及街市。

---

❺指今宜蘭縣境內的山地，此處生蕃指泰雅族。

這裡的山地居民過去以抽籐爲業，但是山上的籐條已被採光了，山地被廣泛地開墾的結果，使得所謂抽籐爲業，已成歷史的陳跡。❻

在姚瑩的時代，舊道沿線的山地似乎被山蕃甚至熟蕃所占居，熟蕃的實況只記載於舊文獻中，完全是屬於traditional people。❼

頂雙溪的市街，是介於三貂嶺與草嶺兩大峻嶺之間的平地，原來住有一百四十多戶人家，但是去年正月土匪作亂時，被攻占爲一根據地，毀於兵火，如今只剩下九十多戶，大約五百人而已。九十多年前，有漳州人來這裡墾殖，出產物以茶葉爲大宗，但是白米則要仰賴自基隆、台北等地供應。

十月七日我們要從這裡出發的時候，剛好是守備兵換防的時間，找不到腳伕，不得已多停留一天。我利用這一天，前往南方二日里處，是我們仍記憶猶新的我軍登陸點，也就是三貂角附近的三貂社(Santyao)，對平埔蕃進行實地調查。❽

我在三貂社花費半天以上的時間，獲得了口碑傳說與舊文物，都是相當有益的資料。關於三貂社之事，我想另外再詳記。〔請參照第一五○頁〕

---

❻姚瑩的文章，見於《東槎紀略》內的〈台北道里記〉。
❼此處英文亦非術語，其含意不明，可能是指「未經實地查證的傳說中的人種」。

以上實地調查了位於基隆與三貂社的平埔蕃，在史上本來是屬於「淡水縣十九番社」，不過是行政管轄區的便名而已，假如從學術調查的立場來說，這一帶的蕃社〔指雞籠的大雞籠社和三貂灣的三貂社〕，應該併入宜蘭方面的平埔蕃較為適當。

　　十月八日從頂雙溪出發。昨夜聽說離開這裡幾日里處的村落，有三十多個土匪出現，人心惶惶，在嚴密的警戒聲中，我們借宿於漢人的破屋裡。我們經由下雙溪，而來到遠望坑。史上記載三貂與遠望坑之間，有防蕃的隘寮，行旅都由隘勇護送（隘勇之事，容後詳述）。由此我們開始攀越草嶺。

　　翻越草嶺的山路，只有三日里長，而且已經有我們陸軍新開的寬路可行，雖然不能說不危險，但攀行不怎麼困難。

　　接近嶺頂時，新路與舊道會合了。這裡有一塊大石，約六尺長，石面平滑，刻有草書體的「虎」字，筆勢雄渾，右側刻著「同治六年冬」，左側也刻著「台鎮使者劉明燈書」等幾個字。這是由台北進入宜蘭的越嶺道在修復

---

❽位於台北縣貢寮鄉的三貂社，清代分為四社，即舊社、遠望坑、福隆（挖仔）、南仔吝；除遠望坑外，均分布於西起南雅，東至福隆的北海岸，舊稱三貂灣。舊社遇海盜侵擾，故遷至雙溪河南岸的新社（雙玉村）。伊能氏所謂雙溪南方二日里處，應該是指其東南方的新社，但他又說接近日本征台軍登陸地點，那麼應該是指舊社，即龍門村近海岸地方。新社是平埔蕃社，舊社當年已成漢人部落，所以叫做舊社庄。伊能氏敘述時，可能將地圖上的方位記錯了。

的時候，所建立的歷史紀念物。附近沒多遠的地方是嶺頂，也就是基隆郡與宜蘭郡的分界線。❾

---

❾指今台北縣與宜蘭縣的縣界。嶺頂海拔三百七十九公尺，比起三貂大嶺的海拔五百二十五公尺，草嶺較低。所謂淡蘭古道，是連絡舊淡水縣與噶瑪蘭廳的山路，要爬越三貂大嶺至頂雙溪，再越草嶺下至大里簡，一般所稱的草嶺古道，不過是其中的一段而已。

《東京人類學會雜誌》
第一三七號
明治三十年（一八九七）八月二十八日

第十九回 台灣通信

宜蘭方面平埔蕃的實地調查（續）

第一章　實地調查行動的概述（二）

《台灣地輿圖說》有一段描寫北、宜縣界的草嶺形勢：「至草嶺西北，林深菁密，最稱險阻。過嶺爲大里簡，東望海波洶湧，萬水朝東」，在嶺上所看到的景觀的確如此。我們從嶺頂俯瞰大海，想到汪洋大海直線過去的地方，是我們的親人所住的本國，大家停足屏息，沈入懷鄉的思慮裡。從嶺頂下降，便到了大里簡部落。❶

大里簡的地勢狹長，沿著三貂山脈延伸，最寬處也不過二十町，一邊是峭立如屏障的山，另一邊瀕臨大海，沿岸大石嶙峋，巨濤擊岸，捲起白浪如碎玉一般飛濺，是一個大奇觀。

離開海岸五、六日里處有龜山島，形狀很像浮出海面的大龜，昂首北向。❷ 地方人士認爲是「天生元武之象」，因此在島上蓋了一座眞武廟。

據說大里簡共有五百戶左右，但不過是一個散村，這裡三、四戶，那裡五、六戶，分散於各地。因爲地屬連鎖

---

❶大里簡又稱草嶺腳，今宜蘭縣頭城鎮大里、石城二里。大里簡是草嶺古道的終點。

❷此處有誤，龜山島的龜首朝向東南方，而不是北方。

台灣東、西部的據點，這裡的石城仔，設有陸軍守備分遣隊。今天〔十月八日〕我們借宿於兵營的一隅。

晚餐後從兵營走出來，走數町到山地觀看附近的地形。我看到一間簡陋的小茅屋，就走過去叩門求見，才知道這一戶人家是從宜蘭地方遷來的平埔蕃。據主人說，宜蘭的平地，人多耕地少，為了生計從本社分離出來的，遷來的年代已遺忘了，可能是數十年前的事。主人又說他的祖先名字叫Kuvin。這裡有三戶，十六人。

我訪問的時候，平埔蕃老夫婦剛吃過晚飯，看到我們很高興。老婦今年六十五歲，從舊衣櫃裡翻出一對奇怪的耳飾，戴上後，邊唱蕃歌邊跳蕃舞給我們看。❸這一對耳飾是歸化以前所用的，平日不戴，只在每年兩次的祭祖時才戴上參加歌舞（請參照後述的「生活習俗」一節，本書二三一頁）。

我很想另外訪問別家，但是天黑了，只好回去。臨走時，剛好有一個十六、七歲的少年和一個十四、五歲的女子從外地回來，他們用流利的平埔蕃語交談。這個平埔少年老遠地把我護送到我所住宿的兵營門前。

十月九日，從石城仔出發，經由蕃薯寮〔番仔澳，今大里的一部分〕、大溪，而來到金邦湖❹。依照姚瑩的〈台

---

❸蕃歌與舞步可能是應伊能氏所請而示範的，可見平埔族的性情是多麼淳樸可愛！

❹即橋板湖，該地並沒有湖，只是地名而已。位於北海岸大溪和梗枋兩地的中間位置。

北道里記〉記載，蕃薯寮與大溪兩處原來設有隘寮，派隘丁防禦生蕃的攻擊。

金邦湖靠近山的地方，有平埔蕃抵美福社(Tŏŏvihŏk)的分社，❺現在有九戶，二十五人。社蕃說數十年前從宜蘭地方遷來，祖先的名字叫Mareryan。社內一個四十五歲的老婦表演了蕃舞給我們看。他們不像漢人使用椅子，平時坐在地面草蓆上，保持雙腳向前方伸直的姿勢。我也看到蕃婦以這樣的姿勢正在做編織的工作。我想他們這些動作是傳統的習俗。

由此我們走向北關庄，聽說這裡也有平埔蕃社，就前往訪問。我發現那裡只有兩戶人家，人都已外出，不能夠訪談。我繼續走到「北關」要塞。關於北關的情形，《噶瑪蘭廳志》裡有如下記載：

> 北關：高山險峻，由山腳至海濱約二百步，大石鱗列，天生門戶，北通三貂嶺，南趨烏石港，為全蘭咽喉。嘉慶二十四年，通判高大鏞奉准建圍一座，橫直各十二丈，高四尺，厚三尺。周圍四扇，橫直共四十六丈八尺。圍牆地基長一百零八尺，橫八尺，高四尺，厚三尺。城樓、垛坎、馬道、階級俱備。

現在只剩下外表舊觀，但可以想見當時是一座堅固的要塞。自草嶺山麓到北關這裡，長約三日里的地方，就是

---

❺抵美福社（本社）在今宜蘭縣壯圍鄉美福村。

大里簡部落的分布地。

　　越過北關後就到梗枋〔梗枋庄，今頭城鎮更新里〕。依照姚瑩的〈台北道里記〉記載，這裡曾經設立隘寮，可見直到七十六年前，三貂山脈中各地還有山蕃居住，而平埔蕃能夠從宜蘭地方遷移過來，是在山蕃逐漸向南方的Kapsiulan山脈退居以後的事。❻

　　從梗枋再走一日里路，便到了頭圍街〔宜蘭縣頭城鎮〕。頭圍街是調查宜蘭平埔蕃的歷史時所不可忽略的，最重要的據點。乾隆年間，漳州人吳沙最初來到蛤仔難，也就是宜蘭的蕃地時，在此建立第一個土圍防蕃，當時稱為「頭城」。❼現在地方的老人，仍習慣叫頭城(Taoshiyan)，而不叫頭圍(Taowi)。

　　頭圍街是「北道」的一個大市街，地勢平坦又臨海，而烏石港是這裡的港口，中國式的戎克船出入頻繁。現在有二百三十戶左右，人口約一千多人。

　　頭圍占地理的要衝，街面卻沒有那麼熱鬧，也許是因為這裡的土匪不斷出沒，人心惶惶，不得安寧。翻閱東洋

---

❻伊能氏所謂三貂山脈，是指三貂山地與草嶺山地的總稱，屬於雪山山脈阿玉山階段山地。Kapsiulan山脈，指中央山脈三星山階段山地，起自蘇澳，呈西南走向，構成北、宜縣界。Kapsiulan、Kap-a-lan、Kavaran，以及中文的「蛤仔難」，「噶瑪蘭」，都是同一個平埔語的譯音，指宜蘭地方。

❼吳沙率領千餘名漢人第一次進入宜蘭，遭到噶瑪蘭族抵抗而失敗，退回三貂社，時在清嘉慶元年（一七九六）；而能夠順利在頭圍建立第一個據點，更是次年第二次入蘭成功以後的事，並非如伊能氏所稱的「乾隆年間」。吳沙入蘭以前，最初在乾隆年間曾經派流民到宜蘭地界採薪、私墾，試探噶瑪蘭人的動靜。

古代史的人都知道：古時候波斯國的山中，有人養一群刺客，促使他們攻擊行旅。同樣地，以前有人在Kapsivlan山中，養一群土匪抗官虐民維生，今日還有餘黨擾民。居民大都是漳州的移民，現在還受土匪禍害。市街內有清嘉慶元年所建的媽祖廟，廟內安置著開蘭始祖吳沙的神位。

十月十日在這裡停留一天，我利用這一天往打馬煙社(Tamayan)訪問平埔蕃。打馬煙社位於頭圍的東南海岸約一日里處。❽因為連日大雨後，河川氾濫，我脫掉洋褲，赤著腳涉渡大溪兩次，也過了無數的小溪流，再乘坐小舟到宜蘭河的下游才到達目的地。❾這打馬煙社是宜蘭地方最北邊的一個平埔蕃部落。

打馬煙社內，有英國籍宣教師馬偕所建立的耶穌教堂，我先在教堂調查平埔蕃的一般近況，然後逐戶巡視，根據他們的口碑，開基祖名叫Mareryan，是在一百多年前從琉球移民過來的。我試問他們琉球在甚麼地方？竟然沒有一個人知道。❿

我看見天空將有大風雨到來的模樣，急急地辭別蕃社，返回頭圍街。不久果真來了一場大風雨，這天剩下的

---

❽打馬煙社在頭圍溪與海岸間所造成的半島形地帶，今頭城鎮竹安里三抱竹北側，社蕃煮鹽為業。
❾宜蘭河是筆誤，應該是指頭圍溪與支流竹安溪。
❿台灣平埔蕃中，常常把海外某一個地方，說成唐山、琉球或東洋，不一定真的是指由中國大陸或日本琉球移民過來的，那時候的平埔族後裔對地理上的方位，完全不清楚，雖然其祖先曾經駕小舟順著黑潮，向北方的琉球，或逆流向南方的呂宋往來貿易，活動力很強。

時間，我蟄居於旅次室內。

次日是十一日，風雨不止，到了午後才稍為放晴，一行就出發了。在一日里多的路程內，經過了二圍、三圍，人只是行走於Kapsiulan山脈的東麓。前年發生匪徒之亂，這裡的民房大半燬於兵火，現在只留下斷垣殘壁，只見高大的茅草，不見人跡。聽說最近還是有匪徒出沒於途，白天也威脅到行人。二圍的東〔南〕邊也有抵美簡社(Tôovikan)，有人警告我們說要去那裡，路途上的安全無法保證，因此作罷。繼續走到三圍，那裡有個市街叫礁溪，原來有一百戶左右，但是全市街在匪亂中被焚燒，三分之一的民房現在只剩下一堆殘破的房屋基石。再往前走，經由四圍，渡宜蘭河，最後進入宜蘭城北門。❶

宜蘭城建於八十七年前的嘉慶十五年〔一八一○〕，位於叭哩沙平原的東端，四周以土牆防護著，城牆外邊有外壕環繞，四面各有城門。城內大約有二千戶，人口六千，漳州人最多，然後是泉州人，廣東人最少。❷

原來，台灣是漢族新近移住之地，而宜蘭的開拓還不到一百年，算是新開之地，因此地方性的習俗還沒固定下

---

❶ 二圍，今宜蘭縣頭城鎮二城里；三圍即礁溪；四圍，今礁溪鄉吳沙村。依照伊能氏所用的，明治二十九年繪製的二十萬分之一地形圖，抵美簡社位於二城的南邊。但是，後來的地形圖未標示。

❷ 伊能氏此處記錄稍有出入，根據史冊，宜蘭係於嘉慶十五年被清廷收入版圖，嘉慶十七年設「噶瑪蘭廳」，同年開始築城，而於隔年完成的。叭哩沙平原，今稱宜蘭平原或宜蘭沖積扇，由蘭陽溪（舊稱叭哩沙溪）沖積而成的平原；而叭哩沙一地，是位於平原西南部的平埔族居地，是入山的要隘，今稱三星。

來。《噶瑪蘭廳志》裡提及：「蘭治初闢未久，居民由淡屬來者強半，故慶弔應酬，以及日用服食起居，尚多沿乎淡俗」，可以說是事實。實際上宜蘭城以西的叭哩沙平原，是宜蘭富庶的根源，與滿山鬱蒼喬木的蕃地相近。

我的前輩田代安定氏，曾經寫過一份報文〈宜蘭概況〉，把宜蘭地方的史實，描寫得淋漓盡致，引用如下：

> 曾經有一支民族來到東部向平埔蕃換取土地，在蛤仔難的曠野，用鋤頭墾荒，並且驅走了平埔蕃，幾乎完成了全境的開拓，但是今天，已到了束手無策的情況。這是由於山地有山蕃的緣故。過去八十年來，一直耗盡心血用安撫的方法刻苦經營，但是蕃害仍然猖獗，絲毫沒有減少。墾民試著向山地撫墾，所採用的方法是原來對付平埔蕃的壓制計策，結果往往是畫餅充飢，一敗塗地，有時候家屋被燒燬、家人被殺，或牛馬被掠奪。而在野外遇到生蕃時，往往被馘首，於是看到了生蕃的影子便驚駭萬分，甚至把手中的犁具、鋤頭拋棄，轉身逃生。這樣的情況，不知已發生了多少次了。曾經看到有人居住的田野，左鄰右舍相接，現在只留下廢墟，在茫茫的廢田荒野中，只有野鳥彼此對唱而已。如今，生蕃不知還繼續加害墾民到什麼程度。尤其從小埤塘、大溪至蘇澳港的山地，沿線都是舊清國兵與生蕃交戰之地，留下了一頁悲慘的歷史，這裡確是宜蘭地方，當年最主要的殖民地。⓭

十月十二日，我到宜蘭城內的叭哩沙撫墾署，拜會署

長小野農學士，從他那裡聽取了山蕃的一般情況。

　　到現在爲止，還沒有人對宜蘭山蕃作過精確調查與研究，所以我在此不能確切地說明山蕃的情形。就我們所知，屹立於宜蘭東南界的Kapsiulan山脈，是山蕃占居之地，古來分爲「南澳」與「溪頭」兩大部分。**⓮**

　　以宜蘭地方南部的蘇澳山脈爲起點，南止於大濁水溪（大濁水溪發源於Kapsiulan山谷，截斷宜蘭地方與台東地方的連鎖性），這一塊地方居住的山蕃，統稱爲南澳蕃，其蕃社群中，自古以來以荖狗社(Raokao)最有名。**⓯**

　　至於溪頭蕃所居之地，一邊與南澳蕃居地接壤，夾著大濁水溪向脊樑山脈中部伸展。因此宜蘭叭哩沙平原正是這兩族群對外出入的門戶。**⓰**

⓭ 所謂山蕃、生蕃，是指泰雅族溪頭群與南澳群。小埤塘與大埤塘兩處地名，均顯示於伊能氏所用的台灣最早期地形圖，指冬山鄉西側的大阪（梅花湖）及小阪（小湖）一帶。文中的大溪，顯然是指大南澳南、北溪。小埤塘，行政上屬於冬山鄉大進村，是番社坑溪東南岸據點，也是進出南澳「蕃界」的古道要衝，清代古戰場。

⓮「東南界」可能是筆誤。所謂Kapsivlan山脈，正是三星山階段山地，斜行於宜蘭西南部，其西北側屬於泰雅族溪頭群，東南側屬於泰雅族南澳群。

⓯ 荖狗社也見於清代文獻，台灣巡撫劉銘傳於光緒十五年（一八八九）「剿番」時，曾經被荖狗社截擊。荖狗社泛指番社坑溪（寒溪）的部落群，包括寒溪社、大元社、四方林社、小南社、古魯社等，屬於泰雅族南澳群。大濁水溪，今名和平溪。泰雅族南澳群居住於蘇澳以南、和平溪以北的南澳鄉全境。

⓰ 泰雅族溪頭群所占居的地方，是蘭陽溪上游與中游的沿岸各河階地，而南澳群則是在和平溪北支流與大南澳溪南、北支流的沿岸各河階地。所謂夾著「大濁水溪」向脊樑山脈……，是「濁水溪」（蘭陽溪）的筆誤。大濁水溪與濁水溪是兩條不同的河系。伊能氏調查的那一年，是日人據台的第二年，山地地形的測繪還沒展開，雖然伊能氏對地理的描述不夠明確，他已盡了力。

宜蘭城的南方是阿里史，地當往南澳蕃地的通路。而其西南是破布烏，卻是往溪頭蕃地的通路，溪頭蕃過去一直在破布烏與漢人交易。**❶**

　　再自宜蘭城往西看，叭哩沙平原的北部盡頭所連接的山區，就是台北的後山，山蕃分爲幾個族群居住其地，據說他們常常下山到平原，馘首平地人。

　　上述山蕃的族群名稱，只是依照地理位置加以分類的，並沒有什麼學術上的意思。依照漢人的口碑，溪頭蕃與南澳蕃互相鬥氣，常有砍殺對方的情形。光緒十四年〔一八八八〕的時候，有一個從事蕃產交易達三十年的漢人，名叫陳輝煌，他曾經在阿里史的山地，設酒宴招待這兩個泰雅族群的頭目，席間訂立了和睦之約，以後蕃人雙方就停止爭鬥了。**❶**

---

❶ 阿里史(Arisai)，是清嘉慶九年從台灣西部移居宜蘭地方的平埔族：巴則海、貓霧捒、和安雅、道卡斯等四族共九社的總稱，自宜蘭南遷羅東後，稱爲阿里史，後來退居羅東西方的叭哩沙喃(Parissinanan)一地，也就是蘭陽溪開始流入平原所形成的網狀流路一帶，今三星鄉拱照村等地。平埔族移居其地後仍稱阿里史。伊能氏調查時，可能還有少數平埔族留居羅東，所以他說「宜蘭南方的阿里史，是往南澳蕃地的通路」。另外，破布烏，又稱破布子(Poapochi)，也是阿里史社蕃新居地之一，位於蘭陽溪南岸大湖桶山的山麓，今三星鄉雙賢、仁和兩村。後來，又有閩籍與客籍的漢人移墾這一帶，形成漢蕃混居的四個聚落：除破布烏外，還有內月眉、外月眉及天送埤。

❶ 伊能氏的分類沿用清代的地緣分類法。「溪頭」與「南澳」兩個族群名稱，後來學術界採用迄今。陳輝煌，漳州人，同治初年開發叭哩沙喃（三星鄉十九結之地）；同治十三年帶領噶瑪蘭人參與蘇花古道「北路」的興建而立大功。

第一章　實地調查行動的概述（三）

　　十月十三日整天下雨，因此沒有到外面去。我很想訪問的宜蘭地方平埔蕃三十六社總頭目振金聲，原來住在宜蘭城東北方數日里處的抵美社(Tôovi)⑲，聽說現在已搬到城內居住，於是我在十月十四日去訪問。

　　和他見面時，發現他是個壯年的紳士，而且有秀才的身分。他對於平埔蕃的歷史、習俗都很清楚，不但會寫一手好漢文，也記得許多固有的平埔語，這對我的研究工作有莫大的助益。

　　他的祖先原是蛤仔難地方的「野蕃」，當時還有劗髮鑿齒的習俗，但是傳到後代，像總頭目振金聲現在這樣開化的樣子，使人相信只要採用某種刺激手段，人類的性格總會加速變化的，這是一個很好的例子。⑳

　　十月十五日，我前往宜蘭城北邊一日里處的辛仔罕社(Sinahan)訪談。這平埔蕃社位於宜蘭河的北岸，蕃社四周種刺竹，圍成一個住家的範圍。我在這裡受贈一塊舊屋的牆板，木板上有雕刻，以及一個木偶。我在社內串門子時，見到一個蕃婦把兩歲大的嬰兒放在漢式搖籃裡，一邊用手上下搖動，一邊唱好聽的蕃歌，讓嬰兒安睡。

---

⑲抵美社屬於四圍堡。依照明治三十七年測繪的〈二萬分之一堡圖宜蘭十四號〉，抵美社很小，只占抵美庄的一角，北邊與踏踏社相對。
⑳伊能氏調查訪問時，每每發出這樣的感嘆。其實平埔族在清治時，已相當漢化，而且其同化作用是自然的演進，並非單靠人為的刺激或改造。

這裡的社蕃，現在住的是漢式房屋，穿的也是漢人衣裳，但是還保留著平埔蕃傳統的結髮方式。他們不纏足，這一點與漢人婦女不一樣。蕃婦使用漢式的搖籃，但會用蕃語唱出搖籃歌，不像一般漢人婦女所沿襲的風俗，只管搖籃，但不唱搖籃歌。**㉑**

　　大凡人類習俗的變化，有時候由於兩種不同的習俗混淆很久以後，開始形成一種新的習俗；有時候新的習俗混入以後，形成一大勢力幾乎壓蓋舊習俗，就脫離混淆的狀態，而使舊習俗逐漸消失，造成同化的結果。

　　昨天晚上行走時，因為天黑踢到路上石頭而跌了一跤，右腳受了傷。還沒到辛仔罕社以前，先涉水三次，所以走路很困難。當時，剛好有一個二十歲的平埔青年在振金聲家訪問，我要返回宜蘭城時，請他當嚮導。他大部分的時間背著我，越過泥巴積水或涉渡急流，很親切地幫助我。回到城內時想要給他一點酬勞，他堅持不收，強叫他收下時還是不收。我只好把我自己準備做為換洗用的襯衣、從內地帶來的長方形手帕，以及日常用品交給他，說了一些慰勞的話，讓他回去了。平埔蕃淳樸的氣質，是我平時深深地感佩的。在性格上，他們與貪婪的、爭拿一厘一錢之利的漢人大不相同。

㉑辛仔罕社，位於宜蘭市東北側的辛仔罕庄一角，今劃歸為新生里。伊能氏淡淡地描述了平埔族婦女用平埔語輕唱搖籃歌，很可惜沒有採錄歌詞含意。伊能氏只是在強調蕃婦照顧嬰兒入睡的方式很特別。事實上早期台灣鄉下的漢人婦女，有時候也唱搖籃歌的。

十月十六日，我到宜蘭城南方一日里處的擺里社(Pairi)訪問。㉒這個平埔蕃社建於稻田間，周圍被竹叢環抱著。頭目阿蚊(Avan)和他三十七、八歲左右的妻子，兩人都記得舊俗。阿蚊帶我到各戶巡視，因而獲贈一些舊屋所用的，有雕刻的牆板。

　　如上所述，宜蘭地方的面積有三十平方日里，裡面分布著三十六個平埔蕃社（不只三十六社，還有一些分社，姑且不提），因此假如要逐一做專業性的調查工作，恐怕要花費一個多月。我因為另有繁忙的調查事項，只能利用餘暇去實地踏查。我只選擇代表性的蕃社，做為調查的對象。自從連袂出發以來，已過了兩週，與我同甘共苦，一起行動的多田氏要和我分手，我們互祝健康，並約定再會。現在只剩下粟野氏和我，於十七日從宜蘭出發，到南方三日里處的羅東街。

　　羅東街位於叭哩沙平原的中心，居民大都是漳州的移民，戶數五百，人口二千多人。聽說東北方一日里處，有一個平埔蕃社，叫做打那美社(Tanavie)，㉓當時天已快黑了，暫時不去。剛好這個時候，有這個平埔蕃社的蕃婦三名，來羅東街購物。見面的時候，我發現她們每人穿著漢式衣服，把一件夾織著直線紋樣的方布披在上面，和袈裟一般。別的平埔蕃家裡多半都有這樣的舊時代衣服，但是在這裡第一次看到有人穿在身上，可能是要上羅東街才披上這件華麗衣

㉒擺里，另寫擺厘，今宜蘭市進士里。
㉓打那美社，今宜蘭縣冬山鄉永美村，在羅東南方。

服的。由此可知，這裡的平埔蕃還保留著舊俗，也繼續在使用傳統的衣服。

　　十月十八日從羅東街出發，向南走，快到蘇澳時，叭哩沙平原已到了盡頭，山壁迫近山路，像龍鈞灣一地全是鬱蒼的森林，我們行走於山腳。㉔

　　我到台灣以後，最令我驚訝的是近山的森林，差不多都已經被砍伐，到處是禿山，但是龍鈞灣附近怎麼會這樣蒼翠呢？原來山後是山蕃所住的地方，漢人怕生蕃的程度，遠超過老虎，不但不敢上山伐木，連白天也要結隊才敢行經龍鈞灣。這裡是山蕃獵殺行人的地方，依照漢人的描述，山蕃會突然出現於山腰草叢間，用槍或刀殺害行人，把行人的首級割掉後，穿行於樹叢岩角間，行動和猴子一樣敏捷，瞬間就消失踪影。

　　現在要進入這一個山隘以前，漢人都互相等待，聚集到十多人以上才結伴快速通過。我們也參加了一群人前行。到了山隘的一半路程時，漢人開始疾走，指著山的那一邊，心驚膽戰地說，這一帶蕃害最多。舊時這裡設過「施八坑隘」，有隘丁駐守，現在茅草叢中，還遺留著高五、六尺，約有一、二間大小〔約一、二坪〕的隘寮廢址。不久便到了南關。南關和北關一樣，是頭城至蘇澳道路上的要塞舊址，從前稱爲東方之鎖鑰。過了南關，就到蘇澳灣入口。㉕

㉔龍鈞灣的確實位置不詳，新舊蕃地地形圖上均沒有標示。伊能氏由羅東往蘇澳走，近山腳的龍鈞灣應是隘丁庄（蘇澳鎮隘丁里）一帶，由此進入山谷，是舊道的要衝。

蘇澳灣的灣口面西，寬約十三町，長約一日里，分爲兩小灣，北邊的叫北風澳，南邊的叫南風澳；❷前者水深，後者水淺；除了南風及東南風外，其他方向的風都吹不進去，船隻可以在灣內避風。

蘇澳的市街在灣內中心。居民主要的是從漳州西鞍縣來的移民，有一百四十戶，五百多人。

蘇澳的西南以蘇澳山脈爲界，連接遠方的脊樑山脈。最接近蘇澳街的丘陵，叫做七星嶺。

清同治十三年〔一八七四〕（我國的明治七年），清廷依照台灣道台夏獻綸的奏議，決定開拓後山。吳光亮開中路，由嘉義橫越脊樑山脈而到台東中部的璞石閣〔花蓮縣玉里〕；袁聞柝開南路進入卑南〔台東〕；同時羅大春於同年七月開北路，從蘇澳的七星嶺下開始向南推進，十二月抵達花蓮。這三條都是通往台東地方的道路。後來清廷對台灣的經營，採取緊縮的方針，結果後山還是爲山蕃所占有，現在只在蘇澳七星嶺下荊棘茂盛的地方，還遺留著紀念碑，表彰往年羅大春的功勞而已。❷

今天繼續到南風澳海岸的猴猴社(Kāukāu)❷。

從蘇澳前往平埔蕃的猴猴社，❷走山路要翻越蘇澳山脈，海路則要在港灣內乘船前往，船行不便，山路很長，所以社蕃都走海岸近路，聽說社蕃所走的路是一條險路。

---

❷南關，位於蘇澳鎮岳明里，七星嶺北麓，清代築一隘門，稱為南關。

❷北邊的北方澳與南邊的南方澳，分別是面西與面北的小灣，但是整個蘇澳灣卻是面東。伊能氏沿用《噶瑪蘭廳志》的稱法，稱為「北風澳」、「南風澳」。

剛好有平埔蕃六女一男，要從蘇澳走此近路回他們的蕃社。為了探查他們的通路，因此決定不走山路，而與他們一起走海岸近路。男女社蕃都穿著漢式衣服，也都赤著腳，蕃女都背著笨重行李。這一天是陰天，我為了防雨而攜帶著雨具與外套。

出發時先走平坦的海岸沙地，沙灘的盡頭忽然出現奇岩怪石，壁立於岸邊阻止我們前進。大家捲起衣褲行走於海水中，最深處達膝蓋以上的大腿，一陣一陣的巨浪衝過來，所以我們快速地在岩角背面或岩洞之間迂迴前進，以避開浪濤的襲擊。假如行動稍為放慢或躊躇不前，可能會被巨浪擊倒而捲走，即使沒有被捲走，也會全身浸泡海水，實在危險極了。我因為行走困難，時而停下來，蕃人見到我這個樣子，馬上靠近把我背起來，而其他蕃女則把我的雨具、外套、小行李等接過去，分攤幫我帶走，使我放下心來。蕃人背著我，巧妙地跳開大浪前進，我想我們日本內地越後地方聞名的「親不知之險」，其驚險的程度也不過如此。我們好不容

---

❷當時一般將花蓮以南的地方叫台東地方，璞石閣（花蓮縣玉里）也在台東州管轄下，所以說：位於「台東中部」。卑南是台東的舊稱。吳光亮的開鑿中路，起自南投縣竹山（林圯埔），竹山在伊能氏調查時，名不見經傳，因而改稱以嘉義為中路的起點。七星嶺下的石碑，是開北路的提督羅大春所立的「里程碑」，原來立於蘇澳冷泉旁，為北路起點，現在已經移到蘇澳晉安宮；而另外一座石碑「羅提督開路碑」，才是伊能氏所謂表彰羅大春功勞的石碑，原來立在南澳鎮安宮前溝渠旁，現在安置於廟旁。

❷南方澳漁港現址，是海岸猴猴族聚居之地。猴猴社蕃曾經一度遷到蘇澳以北的武荖坑溪出海口北岸，今蘇澳鎮頂寮、龍德二里，咸豐年間遷回南方澳。

❷伊能氏認為猴猴社的人是平埔族，但是曾經擔任宜蘭廳囑託的日人學者波越重之，在他的論文〈領台前噶瑪蘭の蕃務〉中則認為不是平埔族。

易來到可望見海岸平沙的地方，有一道岩石丘陵橫在眼前，越過這道岩稜便可以到猴猴社了。走在壁立的，所謂豬鹿也少有行跡的岩稜上，一邊下望蒼茫大海，我想到一失足就成千古恨……，不禁寒心不已。平埔蕃踏越海石巨浪之險，比我們走平地還要輕快，他們對於危險毫不在意，這一點使我萬分驚嘆。一行中有年齡十二、三歲到十五、六歲的少婦三人，她們都爭先以輕快的步法飛躍前進，可說是一大奇觀。我們好不容易從岩丘下降，抵達他們的蕃社。

猴猴社用天然石塊疊成圍牆，高約六尺，中留一門，由此進去。這一個蕃社漢化的程度最低，也因此保留著更多的舊俗。當我巡視社內時，看到一個披髮赤身的壯丁，僅用一塊布片遮住下體，帶著刀站在那裡。從外表看來他似乎是個未歸化的山蕃。我停足問他。他回答說是本社的社蕃，正要上山採薪。他雖然是山蕃的模樣，卻能講流利的漢語，由此可知宜蘭地方的平埔蕃中，猴猴社對舊日的生活習俗，保留得最多。

依照社蕃的記憶，四、五十年前還住在蘇澳的北方三、四日里處的海岸，因為土地貧瘠，生活不易，全社遷到這裡，以農業、漁業為生。我在猴猴社意外地獲得了好資料，黃昏的時候乘船回蘇澳。

附記

在台灣傳教二十多年的英國人G.L. MacKay，寫了一本書*From Far Formosa*〔《福爾摩沙島遙寄》〕，書中記載宜蘭

地方的平埔蕃。他在猴猴社做了實地訪談。關於猴猴社的由來，他所查出的資料，跟我實地查出的有很大的出入，引用如下：

> 我們上山到一個叫做猴猴社的平埔蕃社，它的位置幾乎在山蕃的範圍內。山蕃對他們相當友善，但是平埔社蕃有一天給山蕃狗肉吃，他們騙山蕃說是鹿肉，這一個事實被山蕃探知以後，山蕃開始向平埔蕃復仇，這樣雙方發展到敵對的狀態。最後猴猴社的社蕃不得不離開家園，幸而沒有被山蕃殺害的人，選南方澳為新社址。

我將MacKay博士所講的故事，向猴猴社社蕃求證，他們回答說，從來沒有聽過因為欺騙生蕃，遭到仇視而遷居的事。上文附記於此，留待校正時再查明。❸

十月十九日從蘇澳冒雨出發，走海岸線，涉渡溪流三、四次，步行約三日里到達利澤簡街。❸

一行繼續匆匆地往北走一日里多，抵達一個小港口的地

---

❸馬偕博士是英國籍的加拿大人。他的書《福爾摩沙島遙寄》描寫台灣平埔族的生活很生動。馬偕曾經於一八八五年夏天訪問南方澳與猴猴社。

❸利澤簡是宜蘭噶瑪蘭平埔族的故地，社蕃在咸豐年間移居加禮宛地方。按利澤簡，今宜蘭縣五結鄉利澤、下福二村，位於宜蘭平原東南部冬山河下游南岸。新移居地的加禮宛，位於利澤簡北邊，冬山河北折處東岸，又稱頂清水，今五結鄉季水、新店二村，原來分為加禮宛社、流流社及婆羅辛仔宛社三個小社。後來有漢人移墾，形成社尾仔與新店兩庄，與平埔蕃混居。道光二十年左右，加禮宛社的平埔族相繼南遷到三星、南方澳，更遠至花蓮北方的加禮宛平原。伊能氏可能是因為回程緊湊，也可能是利澤簡與頂清水的平埔蕃社裡社眾不多，經過時沒有訪問。

方，地名叫東港 ❸。這裡是只有數十戶零星分布的小村，因爲有中國式戎克船出入，船貨都在此裝卸，再運到宜蘭城，只設有一個警察分署而已。今天借宿於一個漢人的家，是一間土角厝，低矮如土窟，屋內沒有通風，在這樣悶熱的房屋內，跟衆多的家人睡在一起。室內彌漫著鴉片煙，以及大小便的臭味，這是我生平第一次體驗到下層的漢人所過的是什麼樣的生活。

十月二十日，到距離東港西南約二町處的貓里霧罕社(Varivuhan)訪問。這一個平埔蕃社分爲上、下兩社的樣子，我所訪問到的是下社。在這裡看到社蕃用一種草莖，編成長方形的草袋；也用自織的麻布，先折成三角形，然後製成布袋，袋口都加縫繩子，以便攜帶日用品。❸訪問過以後，重回東港，從此北走海岸沙地，直到頭圍。

十月二十一日從頭圍出發，再度越過草嶺之險，在頂雙溪過一夜，二十二日又越過三貂嶺之險，抵達基隆，休息一天，於二十四日回到台北城。

我想起以前噶瑪蘭通判柯培元曾經賦寫一首詩〔〈過草嶺〉〕，引用如下：

荒草沒人作風浪，我御天風絕頂上。

---

❸東港舊名渡仔頭，位於宜蘭河的出海口北岸。

❸宜蘭河下游兩岸地帶，有奇立板（Kakitapan）與貓里霧罕（Varivuhan）兩社。貓里霧罕社再分為東、西兩社，但共有一個頭目。依照明治三十七年測繪的堡圖，貓里霧罕兩社在宜蘭河下游，隔岸相對；而奇立板社在其北，河的東岸。麻質三角袋一般用來裝檳榔，又叫檳榔袋。

風催飛瀑衝石過，霧漫前山殯雲漲。
老猿攀枝窺行人，怪鳥啼煙弄新吭。
千年老樹無能名，十丈懸崖陡相向。
下瞰大海疑幽冥，仰視天光透微亮。
安得化險爲平夷，中外同歌王道蕩。

現在我們軍隊在山腰所開的道路，已化險爲夷，行旅經過時，都稱讚淡蘭道路的平坦，我感覺已經應驗了柯培元這一首詩裡的預言。

《東京人類學會雜誌》
第一三八號
明治三十年（一八九七）九月二十八日

第二章　關於平埔蕃的口碑及歷史

(1)口碑

宜蘭地方的平埔蕃，對於他們祖先的由來，有下面一則口碑傳說：

> 我們的祖先名字叫阿蚊(Avan)，原來從馬利利安(Mariryan)地方乘船，航行到台灣北部登陸（有的人說是在淡水登陸），然後來到宜蘭這個地方，當時的地名叫做蛤仔難(Kavanan)。我們不知道Mariryan是什麼地方，相傳是位於東方海外的地方。來台灣的年代現在幾乎沒有辦法知道，但確實是屬於遠古的時候。我們這一族來到宜蘭地方時，還沒有漢人，但已經有山蕃占居平地，所以我們只在海岸地方居住。喝醉的時候，我們這一族常常和先住的另一族發生紛爭，最後兩族開戰了，幸而我們這一族打勝仗，占領了平地，而先住的另一族，就退到山中居住，因此我們這一族叫做Kuvarawan，意思是「平地人」；而退居於山中的先住者，就叫著Pusōram，是「山上人」的意思。這是數百年前所發生的事了。

上面所引述的，主要是依據抵美社總頭目振金聲的談

話，並參考各平埔蕃社中的老人所回憶的事實。這一則口碑傳說，提供下列消息：

第一、他們的祖先是從海外某地，漂海過來的。

第二、是在無法測知的遠古年代渡台的。

第三、來到台灣居住的地方，已有先住的人類。

第四、數百年前，曾經〔在宜蘭地方〕與先住的另一族戰鬥，戰勝以後占居全部平地。

第五、以後自己稱爲「平地人」。

我想現在一般所稱的「平埔蕃」(Piepo-hoan)，是漢人根據住平地蕃人的意思予以命名的。有些社蕃宣稱他們祖先的名字是叫做Mareryan，可能是從祖先原居的地名Miriryan轉訛的。❶這是他們把祖先的原居地誤作祖先的名字所引起的混淆現象。

另外，祖先的名字"Avan"，在很多平埔蕃社裡被頭目襲用。例如擺厘社(Pairi)、武煙社(Vuyen)、上打那美社(Ten-Tanavi)等各社頭目的名字，都是Avan。而上掃笏社(Ten-Sāhun)的頭目叫Kai-Avan，打那美社(Tanavi)的頭目則叫Kūrī-Avan，因此很多頭目的名字都叫Avan或叫Avan的複合名，我想是由於敬慕祖先而襲用其名的，襲用後最後變成慣例。❷

---

❶依照上述的口碑，祖先原居地是Mariryan，這裡所謂Miriryan恐怕是誤植。

關於被平埔蕃移民擊敗，退到山中的先住民，也就是山蕃，抵美社有一則口碑，引述如下：

> 月中的人：古時候，某一個平埔蕃社的社蕃有一個兒子，長得十分俊秀，不幸被山蕃殺害，父母悲傷極了。為了永遠看到被保存的兒子身影，父母把他的遺骸放在月亮上。現在月亮上所見到的黑影，就是這個俊秀的青年。

我們可以推斷今天所謂生蕃或山蕃，古來有殺人的風俗，不只是現在，往年的時候就與平埔蕃不和。

(2)歷史

依照口碑傳說，平埔蕃分布到宜蘭地方（古稱蛤仔難），至少是數百年前的事。據文獻記載，到了清朝時代平埔蕃才開始與漢人交易的。《噶瑪蘭廳志》說：「自康熙三十四年〔一六九五〕間，社蕃始輸餉於諸羅」，原來「輸餉」是「與漢人交易時，應繳稅於官」的意思，可見二百多年就已有輸餉的情事。這只說明當時已有交易，但是沒有漢人深入其蕃社交易。

另一本書《蕃俗六考》，是康熙六十一年首次設立巡台御史官職時，首任的黃叔璥於任期中，把他觀俗採風所得的資料，輯錄成書。引述如下：

---

❷武煙社，原稱馬荖武煙社，住於冬山河西岸，今宜蘭縣冬山鄉武淵村。掃笏社曾經是宜蘭噶瑪蘭族中最強的平埔蕃社，位於羅東的東北角，今五結鄉五結、興盛等村。

康熙壬寅（即康熙六十一年）五月十六日至十八日
三日大風，漳州把總朱文炳帶卒更戍船，在鹿耳門外爲
風飄至南路山後；歷三晝夜至蛤仔難，船破登岸。番疑
爲寇，將殺之；社有何姓者，素與番交易，力爲諭止。
晚宿番社，番食以蔬；朱以片臠餉番，輒避匿不食。借
用木罌瓦釜，番惡其污也，洗滌數四。所食者生蟹、烏
魚，略加以鹽；活嚼生吞，相對齧甚。文炳臨行，犒以
銀錢，不受；與以藍布舊衣，欣喜過望，兼具蟒甲以
送。蟒甲，獨木挖空，兩邊翼以木板，用藤縛之；無油
灰可艌，水易流入，番以杓不時挹之。行一日至山朝，
次日至大雞籠，又一日至金包里。❸

　　上面所記載的是，關於蛤仔難地方平埔蕃的第一手資
料。一百七十五年前的康熙六十一年，當時已經有漢人深
入平埔蕃社交易，這一點可以從何姓漢人在蕃社盡力調停
漢蕃間的事，得到印證。

　　其次，距今一百二十九年前乾隆三十三年〔一七六
八〕，漢人林漢生第一次率衆進入蕃地開墾時，蕃人堅拒
他們入墾，終於把林漢生殺害。這次的開墾計劃結果徒勞
無功。後來有人步林漢生的後塵深入蕃地，想要墾地卻都
沒有成功。

　　這個時候有一個漳州人吳沙，來台灣以後最初被人雇
用做雜役工作，因爲不合自己的意思，跑到台灣北端的三

---

❸「山朝」即「三貂」，都是平埔語地名的譯音，指今台北縣貢寮鄉三貂社。

貂社蕃地居住，有時候進入蛤仔難的地界與平埔蕃交易。

　　吳沙看到蛤仔難的地形是一望無際的平原，由於河流的沖積而成一片天然沃土，但是占據這平原的平埔蕃，只是雜處於深林水窟邊，從事捕魚獵鹿為生，完全不懂耕作，把沃地棄之不顧。吳沙暗地裡把這一大片原野當作奇貨，在蕃人中講究信用，以取得他們的信任。同時逐漸糾集漳、泉、粵等各地來的無賴漢，每人給一斗米與一把斧頭，讓他們進入淺山處披荊斬棘，開墾田地。當地的平埔蕃對於漢人的入墾，似乎毫不在意的樣子。這時候，漳、泉、粵的移民聞風而起，每天都有一大群人前往，蛤仔難地方實際上已經成為地方無賴逃罪的避難所。當時的蛤仔難地方是北部淡水廳的治下，官員聽到這個消息時，怕會有叛亂情事，派遣了一名使者到吳沙那裡，諭告他不得進入蕃地，假如不遵守禁令，便要依法處置，以這樣的方法急速地拘束了吳沙等人的行動。

　　乾隆五十一年，彰化人林爽文作亂，十二月北上，攻下淡水廳衙門，淡水同知程峻自殺。時局已變化到台灣北部一度淪入賊軍的手裡。接任的同知徐夢麟深恐賊軍進入蛤仔難地方建立根據地，就命吳沙阻止賊軍進入蕃地，所答應的條件是准許吳沙任意率眾進入蕃界開墾。這是清廷平定林爽文之亂那一年的事（就是一百一十一年前，乾隆五十二年）。吳沙一干人的入墾蛤仔難地方，可說是一種屯田兵組織。

當時執掌台政的官員，也銳意於蛤仔難的撫墾，吳沙知道為政者的用意，就夥同蕃人通事許天送及朱合、洪掌兩人，招請漳、泉、粵的流民，以及鄉勇二百多名、會講蕃語的人二十三名，在一百零一年前的嘉慶元年〔一七九六〕九月十六日出發，到蛤仔難北部的烏石港，進而在其南方的蕃界築造土圍，做為根據地。這個地方是第一個土圍，所以叫做「頭城」（〔署理宜蘭的〕楊廷理把頭城改名為頭圍）。

　　入墾蛤仔難這件事，雖然是靠吳沙率眾完成的，但據說淡水人柯有成、何績、趙隆盛等，也出資幫助過。原籍不同的墾民比例，是漳州人的一千多人，泉州人少一點，而廣東人最少，只有數十個人。現在住在宜蘭各地方的人，他們籍貫的比例，還是跟吳沙的時代相同。

　　吳沙這樣大舉率領流民越過蕃界築城並開墾，當地的平埔蕃最後覺察到墾民的真正意圖後，就大舉抵抗，在連日的戰鬥中彼此都有死傷，吳沙的弟弟吳立也在戰鬥中被殺。通事許天送過去在平埔蕃中受到長老一般的尊敬，對於蕃情很了解，他眼看衝突的情勢無法克制，就把實情告訴了吳沙。於是吳沙等人不得已退到三貂，以後再想辦法。

　　吳沙想出一計，叫人向蛤仔難的平埔蕃傳話，說「最近有海盜要襲擊蛤仔難，消滅你們蕃人，我是奉官命特地來防賊、保護你們的人。我們只是要來開田，維持眾人的

三餐而已,沒有別的意圖。」平埔蕃本性淳樸,不事耕作,即使從事耕作,也不怎麼用心,也因此耕作沒有什麼收成,而且過去幾次和入侵的漢人打仗都被打敗,一直對於外來的漢人有懼怕心理,現在聽到吳沙的話,便開始相信了。

　　剛好這時候,平埔蕃社內流行天花,吳沙趁機施藥。社蕃平時有病時,只能等待自然痊癒,原來就沒有醫藥,現在獲得吳沙治癒的人很多。到了這個時候,吳沙已取得了社蕃的信任,遵行蕃俗,埋石誓言:進入蛤仔難蕃地,完全是為了防盜救援,決不侵害社蕃的利益。埋石的內涵意義是約定的事情和埋在土中的石塊一般,永久不腐壞。這埋石之約,是在嘉慶二年所訂定的。

　　這樣,吳沙一方面力圖安撫平埔社蕃、防止私墾,另一方面計劃如何將蕃地收歸清廷的版圖。當時官方曾經賞給吳沙一個「吳春郁義首」的戳記,無論是疏節闊目都悉聽其便。嘉慶三年吳沙去世,因為兒子吳光裔沒有能力,姪子吳化代為管理龐大事業,又得到吳養、劉胎先、蔡添福等人前來協助,逐漸擴大墾地,先後築造二圍、三圍等土圍,防備社蕃侵入,雖然後來又和社蕃爭鬥,嘉慶四年再訂和約,繼續擴大到四圍,嘉慶七年築造五圍,也就是現在宜蘭城的所在地。其間,移墾的漢人天天增加,也發生了互相殘殺的事件。墾民間的事端與平埔族無關,現在不加以敘述。

到了嘉慶九年，也就是九十三年前，發生了平埔蕃歷史上的一件大事。事情的經過是這樣的：台灣西部彰化地方的野蕃〔平埔蕃〕總頭目名叫大乳汗毛格(Toanihan-moke)，歸附清廷後取了漢名潘賢文，因為犯法而害怕被捕，就調集了岸裡(Ganri)、阿里史(Arisai)、阿束(Aho^k)、東螺(Tonrei)、北投(Pa^ktao)、大甲(Taika)、吞霄(Ton-syao)、馬賽(Māsai)等各社的社蕃千餘人，橫越中央山脈，逃到東部宜蘭地方的五圍，與當地的漢人爭地。❹

　　五圍當地的漢族墾民眼看這些「阿里史蕃」人多勢強，而且每人擁有一支鳥槍，心裡憂慮無法與他們抗爭，就想出了一計，表面上拿出粟米接濟，以求和平相處，然後搬出各種物品與平埔蕃交換槍支。平埔蕃發覺他們所帶來的鳥槍都已經與漢人交換物品，才開始後悔，但是太遲了。他們終於喪失了爭取土地的力量。

　　嘉慶十一年，這些「阿里史蕃」南遷，就在現在的羅東一帶拓地定居。❺

　　到了嘉慶十四年，阿里史平埔蕃在羅東受到漳州人的攻擊，避居於別的平埔蕃社。現在Kapsiulan山麓，也就

---

❹大移動的主角有四族，即巴則海、貓霧揀、洪雅及道卡斯，共九社，原文似乎漏列了烏牛欄社（Aoran）。這裡所謂犯法逃亡，是清人所說的，實際上是漢人侵占其西部土地後，被迫流亡的，史冊上被稱為「流蕃」。依據《噶瑪蘭原始》記載，來自彰化地方的熟番頭目有兩個，分別是阿束社頭目潘賢文和阿里史社頭目大乳汗毛格。

❺巴則海族的阿里史社在今宜蘭縣羅東鎮成功、西安等里，貓霧揀族的阿束社在東明、開羅等里，洪雅族的北投社在北城里等地定居。

是叭哩沙平原的源頭地方，還有這些平埔蕃最後居留的遺跡，徒然留下一個地理名稱「阿里史」而已。值得注意的是，宜蘭地方的平埔習俗中還保存著彰化地方色彩。❻

(3)平埔蕃的歸附

九十一年前的嘉慶十一年春，海盜蔡牽的船隻從海上向烏石港駛進來，想要奪取烏石港一帶的土地。吳沙的姪子吳化和漳州人陳奠邦募集了鄉勇防賊侵入。據說附近的平埔蕃也參與了防禦的工作。

翌年，也就是嘉慶十二年秋，另一個海盜朱濆把一隻滿載農具的船駛進烏石港南方的蘇澳港，想要奪取蘇澳以南的地方做為巢穴。賊軍把嗶嘰布(Pikie)與紅布拿出來，分送給當地的各平埔蕃社，以收攬民心。這時候有一個漳州人李祐陰，卻單獨拿出嗶嘰布十板、紅布五百疋、蕃鏹（即蕃銀）千圓分送給各社蕃人，曉以大義，共同防賊。

嘉慶十五年四月，來台灣巡視的閩浙總督方維甸已到台北的艋舺，這時候蛤仔難的平埔蕃頭目包阿里(Paoari)

---

❻在羅東被漳州人攻擊而潰散的平埔族，被迫第二次遷徙。九社中大甲、吞霄等社的道卡斯族大部分含淚遷回台灣西部的原居地，而未遷回的大部分則開始西遷，其中，阿里史社在今宜蘭縣三星鄉拱照村，阿束社在今仁和、雙賢兩村（破布烏）定居，仍保留原來的社名，其中阿里史社族人最多，所以史冊上都把這移民集團統稱「阿里史」，其地也稱為阿里史。至於伊能氏所說的「別的蕃社」，指叭哩沙喃社，是早先居住於其地（叭哩沙喃）的噶瑪蘭平埔族部落。其實，阿里史平埔族的部分社蕃也遷至蘇澳一帶，無論是在叭哩沙喃（三星）或在蘇澳，漢族墾民緊跟在後，爭占平埔族所開墾的土地。按叭哩沙喃社的故址，相傳是三星鄉網狀溪流邊的紅柴林及破布烏一帶。

帶領部下前來求見，向總督呈送戶口清冊，要求納入清廷的版圖。據說這些蛤仔難社蕃，都已遵守清廷的規制留辮髮。關於這件事，閩浙總督曾經寫在他的奏疏中。

啊，距離呈交清冊的十年前，蛤仔難的平埔蕃仍然舉眾堅拒他人入墾，想不到在這短短的十年內，自願改俗，甚至呈交戶口清冊，乞求清廷納入版圖。由此可見，世上人事的變化是多麼快啊！

閩浙總督奏請的結果，清廷在嘉慶十五年四月，正式把蛤仔難收歸版圖，同時將其地名更改為噶瑪蘭(Kamalan)，嘉慶十七年八月設置「民番糧通判」職司其地。

〔嘉慶十五年四月〕受命開蘭事宜的楊廷理，曾經親自蒞臨噶瑪蘭，訂定了各種行政措施，首次劃定噶瑪蘭平埔蕃三十六社的範圍，以宜蘭濁水溪（蘭陽溪）為界，溪南地區稱為東勢十六社，溪北地區稱為西勢二十社。❼

然而，幾百年來閉塞之地，一旦要闢開根深柢固的榛莽，進行教化的工作，是如何困難，從下面一例便可以了解：道光元年〔一八二一〕六月，噶瑪蘭地方發生了颱風的災害，平埔蕃以為是鬼神不喜歡墾民拓地，將降災於這個地方，因此要祓除漢人所闖的災禍。當時的噶瑪蘭通判姚瑩，用盡了各種辦法才排解了這件事，他也將這件事記錄在他的文書中。

---

❼除了平埔蕃社外，另外將入墾噶瑪蘭地方的漢人部落劃分為七堡治理。這是清廷治權擴充到台灣後山東北部的肇始。在此之前，花蓮、台東一帶的後山，一直是屬於清朝治權所不及的地帶，也就是「無所屬地帶」。

噶瑪蘭地方納入清廷的版圖以後，平埔蕃原住民與移墾的漢人之間，繼續有爭鬥，現在引用姚瑩親自撰寫的記事文如下：

　　　　噶瑪蘭始入版圖，民番未能和睦，時有械鬥，又頻歲多災，瑩鋤除強暴，教以禮讓，民番大和。乃以秋仲會集三籍漢民、生熟各社番，設屬壇於北郊，祀開蘭以來死者。爲漳籍之位於左，泉、粵二籍之位於右，列社番之位於地，以從其俗；城隍爲之主，列位於上。是日文武咸集，率各民番，盛陳酒、醴、牲、核以祀之。至者二千餘人，社番亦具衣冠，隨衆跪拜，如漢人禮。祀畢，又使民番互拜，瑩乃剴切諭以和睦親上之義，陳說五倫之道，使善番語者逐句傳繹之，環聽如堵，多泣下者。❽

　　這是道光四年的事。據文獻記載，拓殖噶瑪蘭時，犧牲了數千人的生命。文獻也記載爲了使台灣西半部的平埔族漢化，曾經特別施行蕃人教育，但是噶瑪蘭這個地方卻沒有施行過（已漢化的蕃人再給漢式教育的，另當別論）。噶瑪蘭歸化的時期相當晚，也因此漢化的時期也隨著較晚。四十多年前的噶瑪蘭平埔蕃，多半還是照著舊時的蕃俗生活著。像大家所知道的，現在進入他們的蕃社，可以看到他們不但保留著一些舊俗，而且彼此以平埔語交談，只是對漢人才使用漢語罷了。

---

❽本文見於《東槎紀略》內的〈噶瑪蘭屬壇祭文〉附記。

(4)平埔蕃的綏撫

平埔蕃原來對耕作不熟悉，也缺乏土地利用的觀念，一直讓移入的漢人占墾。後來，他們的住處與漢人部落相接，習俗逐漸漢化，才開始知曉耕作的方法。雖然如此，平埔蕃不知積蓄，只要一年的穀物收成夠養活一家就滿足了，因為有這種想法，他們所開墾的田地，不過是蕃社外面的咫尺之地，其餘的大片土地，就任其荒蕪，不去照顧。

清廷的地方官看到這情形，以為平埔蕃將來人口增加以後，一定很難養家，就規定大社及小社四周外面，分別保留二平方清里及一平方清里的土地，當做「加留餘埔」，獎勵社蕃從事開墾與耕作；並且在距離加留餘埔分別有二華里及一華里的地方種樹，做為界線，不准漢人在這界線以內贌地（亦即與社蕃交易以取得土地）。清廷同時規定：假如漢人在界外的土地開墾，完成開墾以後要向社蕃負起納租〔繳納蕃租〕的義務，但准予免繳官租。

上面的規定已經在東勢十六蕃社施行了，但是當時的西勢二十蕃社分布在沿海一帶的沙崙，附近的土地已被移入的漢人開墾了，無法讓出土地做為加留餘埔，因此將現有的沙崙餘埔，做為平埔蕃的永久事業地，不准漢人遷入開墾。但是，有些平埔蕃社人口少，假如有外人來開墾反而有利的話，這時候，只要獲得官署核准，漢人也可以仿照東勢十六蕃社的辦法，向社蕃納租，同時免於向官廳納

官租。

　　清廷作出上面各種限制的原因是這樣的：最初，移入的漢人趁平埔蕃不熟悉耕作而且資質樸直，用斗酒尺布的微小條件，交換大片土地，而且書寫交易的契書時（贌約），漢人擅自將對自己有利的事項寫進去，利用平埔蕃不懂漢字的弱點，讓平埔蕃伸出手指頭沾墨捺印；所謂贌約，實際上是漢人騙取土地的手段。由於漢人騙取土地的風氣盛行，促使清廷出面做出限制措施。（我曾經看過乾隆年間作成的台南歸化蕃與漢人之間的贌約，平埔蕃名義下所捺的大拇指墨印，和日本內地的捺拇印相同。）

　　就這樣歸附了數十年後的平埔蕃成為熟蕃，幾乎與漢人同化了。結果，在光緒十四年〔一八八八〕大力改革時，清廷廢止了移墾漢人向平埔蕃納租的義務，規定漢人改向官廳納租。平埔蕃就透過來台宣教的外國宣教師，向駐台灣的英國領事哀訴，再由英國領事出面與台灣巡撫商議，使清廷回復舊制，讓漢人向平埔蕃納租。

(5)口碑與歷史的結論

　　概括地說，噶瑪蘭地方的平埔蕃歷史，大部分是與移墾漢人的交涉史，所經歷的時間實際上達到二百多年，可以細分為六個時期：

　　第一期（平埔蕃孤立時期）：還沒跟移入台灣的漢人
　　　　　　接觸的最早時期。

第二期（民蕃交易時期）：已經開始與漢人交易，但漢人還沒進入蕃地開墾的時期。

第三期（民蕃爭鬥時期）：漢人已開始入墾於蕃地，遭到平埔蕃的抵抗而發生爭鬥的時期。

第四期（民蕃講和時期）：移墾的漢人與平埔蕃訂定和約，得到信賴而正式開墾土地的時期。

第五期（平埔蕃歸化時期）：原先驃悍不屈的平埔蕃突然變為順民，為了表白實質上已歸化，乃獻出蕃地納入清朝版圖的時期。

第六期（平埔蕃綏撫時期）：狡獪的移墾漢人為了私利，用盡百般計策詐騙無知的平埔蕃，致使官署出面保護平埔蕃的時期。

畢竟在短短的二百多年間，發生了這麼多的變化，主要的原因是平埔族與漢人競爭時，也就是他們Struggle for existence（為生存而競爭）時，敗給了漢人的結果。因此，我相信遠在第二期的民蕃交易時期，就埋下了使平埔蕃陷入窘境的肇因。

在道光十五年就任噶瑪蘭通判的柯培元曾經寫了一首詩，道盡了平埔蕃從生活競爭中落敗的慘狀。現在抄錄於後，做為本通信稿的結尾。❾

> 人畏生番猛如虎，人欺熟番賤如土，
> 強者畏之弱者欺，毋乃人心太不古！
> 熟番歸化勤躬耕，荒埔將墾唐人爭，

唐人爭去餓且死，翻悔不如從前生！
竊聞城中賢父母，走向城中崩厥首，
唧啾嗉格無人通，言不分明畫以手，
訴未終，官若聾，竊窺堂上有怒容，
堂上怒，呼杖具，杖畢垂首聽官諭。
嗟爾蕃，爾何言？爾與唐人皆赤子，
讓耕讓畔胡弗遵？吁嗟乎！
生番殺人漢奸誘，熟番獨被唐人醜？
為父母者慮其後！

---

❾本首〈熟番歌〉已經在淡北方面平埔蕃的調查報告中刊出，但是歌詞的內容專對噶瑪蘭平埔蕃的慘狀，作赤裸裸的描寫，所以伊能氏特地重錄了一遍。譯註者引用別的版本（部分文字相異）以供比較參考，請參照第七六頁〈熟番歌〉。

《東京人類學會雜誌》

第一四七號

明治三十一年（一八九八）六月二十八日

第三章　平埔蕃社的分布與地理

在探討宜蘭平原的固棲人類，亦即平埔蕃的分布區域以前，我感覺有必要先就宜蘭地方的地理，做概略的說明。

宜蘭平原位於台灣東北部，東臨海洋，西倚山巒，北以三貂嶺與台北交界，南止於蘇澳，隔著一道山稜與台東地方接壤，三面環山如襟帶，形成一個長三角形的藩籬，其間有無數的大小河流貫穿，造成一片豐饒的土地。

有名的濁水大溪〔蘭陽溪〕，由西而東流經平原的中央，注入海洋。漢人的地方官將分布於溪南及溪北的平埔蕃分為兩部分，前者稱為東勢番社，後者則稱為西勢番社，東勢十七社與西勢十九社，合稱三十六社，❶但是現在已經增加到四十五社了。各社的人口與頭目姓名，列表如下：

---

❶《噶瑪蘭廳志》說：「查溪南（即東勢）幾穆撈等十七社（嗣別起馬賽係流番，只十六社），倍於溪北（即西勢）哆囉妙婉等二十社番丁」，所以應該是東勢十六社，西勢二十社。

宜蘭地方平埔蕃社一覽表

一、西勢蕃社

蕃　　社	人口	頭　　目
四圍堡		
辛仔罕社(Sinahan)	173	潘應芳(Poanyinghong)
抵美社(Tuvi)	33	振金聲(Tsinkimsyên)
武暖社(Vunoan)	}95	馬達里(Māttarī)
高東社(Koantōn)		
踏踏社(Tautau)	128	李籠爻(Rironngao)
馬僯社(Mārin)	20	潘蚊抵遙(Poanvanteiyau)
奇武蘭社(Kivuran)	89	連古鹽佳吉(Ryênkoyamkekyăt)
奇立丹社(Kiriptan)	}138	高良西(Koaryonsye)
抵百葉社(Tupayāp)		
蔴薯珍洛社(Moatsīttenrŏk)	15	――――
頭圍堡		
哆囉美遠社(Toromioân)	193	籠爻其山(Ronngaokīsan)
抵美簡社(Tuvikan)	108	劉利同現(Rauritonhŷn)
打馬煙社(Tamayan)	168	偕以籐(Kaiyitten)
圓山堡		
珍仔滿力社(Ttenāmoarăk)	30	阿獨(Attŏk)
擺厘社(Pairī)	67	阿蚊(Avan)
民壯圍堡		
抵美福社(Tuvihŏk)	122	偕龜劉(Kaikūrin)
奇立板社(Kirippoan)	78	潘塞鼻(Poanssapie)
留留社(西社)(Raorao)	42	劉龜芥埒(Raukūkairoa)
上貓里霧罕社(Ten-varivuhan)	18 }	連抵來(Rŷenteirăi)
下貓里霧罕社(Yei-varivuhan)	48	
辛仔羅罕社(Sinarohan)	15	潘兩爻(Poanryenngao)

二、東勢蕃社

蕃　　社	人口	頭　　目
二結堡		
上掃笏社(Ten-sāhun)	50	偕阿蚊(Kaiavan)
中掃笏社(Tyôn-sāhun)	64	偕目孔(Kaivokkon)
下掃笏社(Yei-sāhun)	46	林阿返(Rimāhoan)
清水溝堡		
芭那鬱社(Panaŭt)	64	——
歪仔歪社(Awaiā'awai)	40	潘龜敏(Poankūvin)
羅東堡		
武煙社(Vuyen)	63	阿蚊(Avan)
里腦社(Rīnao)	62	陳武反仔(Tanvūhoanā)
南搭吝社(Namtārin)	38	阿返(Ahoan)
奇武荖社(Kivurao)	140	潘得生(Poantēksin)
打那美社(Tanavi)	50	龜劉阿蚊(Kurauavan)
上打那岸社(Ten-tanangan)	31	阿蚊(Avan)
下打那岸社(Yei-tanangan)	34	潘加笋(Poankatsen)
上珍珠里簡社(Ten-ttentsurikan)	30	潘武美(Poanvuvi)
中珍珠里簡社(Tyôn-ttentsurikan)	60	潘武禮(Poanvure)
下珍珠里簡社(Yei-ttentsurikan)	40	高南路那美(Koannamronavi)
上武罕社(Ten-vuhan)	49	高武荖抵禮(Koanvurōtere)
下武罕社(Yei-vuhan)	19	偕打美(Kaitavi)
利澤簡堡		
上婆羅辛那遠社(Ten-porosināoan)	57	⎫
下婆羅辛那遠社(Yei-porosināoan)	31	獨蚊高德武(Ttōkvankoantēkvu)
上加禮宛社(Ten-karewan)	15	⎬
下加禮宛社(Yei-karewan)	30	⎭
猴猴社(Kāukāu)	103	陳新抵(Tansinte)
留留社(東社)(Raorao)	63	——
利澤簡社(Rītakkan)	30	——

備考：社名分爲上、下，或上、中、下者就是分社，所以蕃社的總數是四十五社。蕃社
　　　中有的已有分社，但戶數極少，不足以形成一小社者，則沒有算進去。

現在的平埔蕃社人口，與咸豐二年〔一八五二〕出版的《噶瑪蘭廳志》所載人口，列成對照表如下：

	噶瑪蘭廳志所載	現在
東勢蕃社群	3,307人	1,580人
西勢蕃社群	2,200多人	1,209人
總　　　計	5,507人	2,789人

由上表可知，在過去四十五年間，宜蘭地方平埔蕃人口減少了二千七百一十八人，也就是每年平均減少六十人。蕃社數從三十六社增加到四十五社，並不是因為人口增加，而是漢人侵占他們的土地，使蕃社分散的結果。

在四十多年間，平埔蕃人口顯著減少的原因是平埔蕃在生存競爭中處於劣勢，而最重要的原因則是平埔蕃歷史上波瀾壯闊的大移動。這平埔蕃的大移動，從六十年前就已開始了，爾來三、四十年間仍在繼續移動中。最早是位於現在加禮宛河口的加禮宛社社蕃數百人，駕舟向南航行到花蓮的蕎萊平原西北部居住，後來其他各社的社蕃也循同樣的路線南下，聚居於新社區，現在花東地方的加禮宛人總人口約一千人（據說原來有二千五百多人），也就在這個時期左右，在遷徙地分為幾個分社。❷

《赤嵌集》一書，曾經明言：「台地諸山，皆從番語譯出」。同樣地，各蕃社名多半是蕃語的譯音，宜蘭地方的平埔蕃社都是這樣。據說嘉慶十五年〔一八一○〕最初

來宜蘭地方開疆闢土的總兵武隆阿，將蕃語以近音漢字譯出，成為固定的蕃社名。單從漢字是看不出有什麼含義的，但是將漢字讀音與蕃語對照來細考，就可以明白原義是什麼。我國有些古地名，當初命名時原是有意義的，輾轉使用後，失去了原義。一樣地，有些漢字地名唸起來還是無法符合相對的蕃語。下面舉出一些字義分明的地名：

Tamayan社〔打馬煙社〕：煮海水製鹽之意。現在台東地方的阿美族，仍然煮海水製鹽，宜蘭地方的平埔蕃也有同樣的生活習俗，因此借用為社名。

Kirippoan社〔奇立板社〕：海堘之意。〔也就是海邊的蕃社〕

Tuvikan社〔抵美簡社〕：浮洲之意。〔蕃社在河中的浮洲上〕

Kiriptan社〔奇立丹社〕：鯉魚之意，由於其地產鯉魚，借用為蕃社名。

---

❷加禮宛河口就是現在的宜蘭冬山河舊河口，當時又叫做加禮宛港。蕎萊平原就是花蓮平原，來自宜蘭加禮宛社的平埔族遷入定居的地方，位於花蓮美崙山北側，今新城鄉嘉新、嘉里兩村。但是，依照鹿野忠雄採錄的加禮宛人口碑，最初登陸暫住的地方，是美崙溪出海口附近，然後遷到美崙山的西側農民庄與軍威庄一帶，今屬花蓮市區。當時移民越來越多，結果加禮宛新社再擴散，分為加禮宛、武暖、竹仔林、瑤高、七結仔、談仔秉六個小社，擴充的住區範圍不大，最北到北埔而已。後來部分的平埔族，從花蓮加禮宛再分出，遷到南方豐濱鄉的貓公（豐濱）、加路蘭（磯崎）、新社、姑律、石梯等地，以及更南的長濱鄉加走灣（長濱）、姑仔律、水母丁、城仔埔。平埔族與「高山族」的習俗一樣，將他們的遷徙地繼續以舊社名稱呼，以示不忘祖先的故地，因此南遷的加禮宛人把新社址統稱「加禮宛」。

Tupayāp社〔抵百葉社〕：溫泉之意。〔蕃社有溫泉湧出〕

Tautau社〔踏踏社〕：淆水之意。❸

Tuvi社〔抵美社〕：一種草名，其地有Tuvi草，借用爲社名。

Sinahan社〔辛仔罕社〕：河邊之意。

Sinarohan社〔辛仔羅罕社〕：涉水之意。

Raorao社〔留留社〕：水沖之意。〔水沖即瀑布或急流的台語〕

Tuvihŏk社〔抵美福社〕：泥地之意。

Ttenāmoarăk社〔珍仔滿力社〕：瑪瑙珠之意，可能是因爲其地生產瑪瑙珠，成爲社名。

Mārin社〔馬僯社〕：滅亡之意。可能是頭目家曾經因故滅亡，所以稱其社地爲死地。❹

Moatsīttenrŏk社〔蔴薯珍洛社〕：水母之意。

Namtārin社〔南搭吝社〕：連續之意。

Vuhan社〔武罕社〕：搬運之意，可能是因爲本社蕃很會搬運東西，借爲社名。

Kivurao社〔奇武荖社〕：收集木材搭蓋臨時木屋之意。

---

❸踏踏社另一個羅馬字拼音是Taptap，根據安倍明義《台灣地名研究》的說法，是「濁水」之意。

❹不過，安倍明義後來考證的結果，指出瑪僯，又寫瑪麟，Mārin出諸蕃語Mariyoh，意思是「死」，形容其地險惡，轉借為「死地」之意。

Karewan社〔加禮宛社〕：沙崙之意。❺

Panaǔt社〔芭那鬱社〕：埤堘之意。〔即水池旁〕

由上面分析可知，平埔蕃社的命名有下列現象：

第一、蕃社命名的時候，都採取有某種意義的名稱。

第二、社名的含義，包括地形的描寫，或取自地方的
　　　特殊動植物名稱、地方的主要產業名稱、產品
　　　名稱、地方的大事等。

第三、地名經年累月使用後，不免轉訛而失其原義。

最後，平埔蕃對於自己族人、附近山上的蕃人，以及
移殖漢人，有不同的稱謂，下面舉出他們自己的分類，可
以了解思維的程度：

自稱：Kuvarawan

前山的生蕃：Purusaram

後山的生蕃：Sikizaya

漢人：Vusǔ

---

❺在宜蘭地方的加禮宛故地近加禮宛港，其地有沙崙。

《東京人類學會雜誌》
第一四九號
明治三十一年（一八九八）八月二十八日

第二十五回 台灣通信

宜蘭方面平埔蕃的實地調查（續）

第四章　平埔蕃過去的蕃俗

　　宜蘭方面平埔蕃的生活習俗實際上多半已經漢化了，衣食住方面除了一些特殊的習俗外，與漢人生活無異。那麼，他們的舊俗是已經無法考證了嗎？我的回答是可以從(1)漢人關於未漢化平埔蕃的記載，(2)平埔老人代代相傳的口碑，(3)現在還保存著的舊俗，以及(4)保存於平埔蕃社裡的舊時代遺物等四個線索，互相對照，就不難得知概略的狀況。

　　《噶瑪蘭廳志》〈蕃俗〉章也是根據以上四點，針對當時漢化未深的平埔蕃所作的概述。這本舊志是在距今四十六年前的咸豐二年〔一八五二〕編成，宜蘭平埔蕃歸附清朝的年代是嘉慶十五年〔一八一○〕，也就是說平埔蕃歸附清朝四十二年之後才成書的，因此其間舊俗已經有了某種程度的變易。雖然如此，從〈番俗〉這一章的卷頭語：「蘭地未入版圖以前，諸番惟以射鹿鏢魚為生……，至今尚沿其俗」，可以證明當時還保存一些傳統的生活習俗。

　　下面先抄錄廳志，再附以我實地調查所得的風俗資料，來考察平埔蕃過去的生活習俗。（漢文是《噶瑪蘭廳志》的節錄，日文是我的考證。）

(1)居處

> 其房屋，則以大木鑿空，倒覆爲蓋，上下貼茅，撐以竹木，兩旁皆通小戶，前別築一間，號北投口，云云。

這樣的房屋都有雕刻裝飾（請參照《東京人類學會雜誌》第一二九號附錄的〈宜蘭地方平埔蕃的雕刻畫〉）。「以大木鑿空，倒覆爲蓋」，似乎是平埔蕃蓋房屋的規制。《台灣府志》所載的屋式，差不多都是這樣。關於台灣府（今台南）境內的平埔蕃（Siraiya）〔西拉雅族〕舊俗，《台灣府志》則說：「屋狀如覆舟」，正是這種屋式的描述。

至於覆舟似的房屋，實際上是什麼樣的形狀呢？屋式老早就變了，現在卻沒有辦法做詳盡的說明。

西元一八九三年，法國人C. Imbault-Huart在他的著作*L'ile Formose*〔《台灣島》〕的第七十三頁，附有一張荷蘭人被鄭成功強制撤離台灣的圖，圖上也畫了附近平埔蕃的房屋。這一本書現在不在我的手邊，無法詳細說明，但是其房屋上面的部分，大概是這個樣子的：屋狀如覆舟（上半部）。

這張插畫是《台灣島》作者直接引用自有名的*Neglected Formosa*〔《被遺忘的福爾摩沙》〕一書，該書是署名C.E.S.的荷蘭人著作，在一六七五年，亦即荷蘭放棄台灣十四年後出版。匿名的荷蘭人C.E.S.，據說是長期

派駐台灣的前荷蘭領事クレシク，❶根據實際觀察，所畫出的台南方面平埔蕃住屋實景，符合了《台灣府志》所謂「屋如覆舟」的形狀，我想宜蘭方面平埔蕃的住屋，應該也是同一種形式。

(2)飲食

蘭初開時，諸番耕種田園，不知蓋藏，人各一田，僅資口食，刈穫連穗懸之室中，旋舂旋煮，仍以鏢魚打鹿爲生。其耕種不知時候，惟視群木萌芽爲準，樹藝稻穀，約供一歲口食幷釀用而已。故家無赢餘，而多荒穢。秋成後，於屋旁別築室，回竹籧，覆以茅苫，連穗倒而懸之，令易乾，名之曰禾間（即穀倉）。其粟名倭，粒大而性黏，略似糯米，蒸熟攤冷，以手掬而食之。每秋成，會同社之人，賽戲飲酒，名曰做年，或曰做田。其酒用糯米，每口各抓一把，用津液嚼碎入甕，俟隔夜發氣成酒，然後沃以清水。群坐地上，或木瓢，或椰碗汲飲，至醉則起而歌舞，……歌無常曲，就現在景作曼聲，一人歌，群拍手而和。

往昔打鹿所用的弓箭，現在被當做古物保存著。社蕃的弓與其他台灣蕃族所使用的大致上相同，但稍爲長一點，平均長度是五尺五寸，用竹子做成。從淡北方面平埔

---

❶據後人考證，C.E.S.應該是 "Coyett et Socci" 三字的縮寫，其意為「Coyett及其同僚」，而Coyett則是指駐台灣的荷蘭總督Frederick Coyett，其中文譯名為「揆一」。伊能氏此處的日文譯名，據推測，所指的不是Coyett，而且官位與譯音都有出入，故保存原來的日文片假名。

蕃（Ketaⁿganan）所遺留的箭看來，箭上並沒有翎羽；但是宜蘭方面的箭，箭尾附有三支翎羽，分插於箭尾，箭頭套上披針形的鐵鏃。

他們從樹木的發芽，而判知春天的來臨，在四十年後仍然使用這種觀察樹芽的曆法。曾經有遺老對我說他們通常察看九芎樹發芽，便知道一年復春。

關於炊飯的方式，直到四十年前左右還在使用固有的陶甕(Vokkao)蒸飯。米中加水炊煮的方式，可能是從漢人那邊學來的。

他們所謂「做年」，是每年祭拜祖先的儀式，通常在稻穀收成後選月圓之夜舉辦（現在仍有此舊俗）。特別選滿月的時候祭拜祖先，不只是平埔蕃的習俗，台灣其他各蕃族也有這種習俗。

釀酒時先把米嚼碎，和以唾液當酒素〔酒母〕，現在布農族和鄒族還保留著這種釀酒法。

依照遺老的記憶，舉行會飲時，也有共杯同飲的習俗。《噶瑪蘭廳志》裡所說的「歌無常曲」云云，是指喝醉時觸景感懷而成的曲調，另外有儀式用的常曲。平埔蕃的曲調，將在〈語言〉一節裡補述。

> 將捕鹿，先聽鳥音占吉凶。鳥色白、尾長，即華雀也，音宏亮吉，微細凶。

出獵的時候，先聽鳥聲來占卜吉凶的風俗，是通行於台灣各蕃族間的一種迷信。根據遺老的說法，用以占卜的

鳥，平埔語叫做Vukēkē，分辨鳥聲的吉凶，所採用的方法如下：

Ssin'–ssin'……吉聲

Tei'–tei'……凶聲

> 蘭各社蕃，向將海潮湧上沙灘之白沫，掃貯布袋中，復用海水泡濾，淘淨沙土，然後入鍋煎熬成鹽，其色甚白，其味甚淡。食物中著鹽過多，味亦苦澀。

東部海岸的阿美族中，屬於Kawers部的北部阿美也會製鹽。而宜蘭方面的平埔蕃，原來也會製鹽，其方法與阿美族的大體相同。（原來所有的平埔蕃都知道怎樣製鹽，例如《淡水廳志》記載新竹方面平埔蕃Taokas的風俗，說：「如中港、後壠各地熟番，亦有挑沙瀝鹵自煮，云云」。）❷

(3)衣飾

> 蘭初闢時，諸化番解穿漢人衣服，一社無過二三人，惟以番布作單掛，如肩甲狀，下身橫裹番布一片，乍見如赤身一般。近時則冬裘夏葛，漸有數輩，第無衣褐者尚多，只用一白番布，自頸垂至足踝，而叉兩手於

---

❷文中的阿美族，可能是指北部阿美群，是位於花蓮平原的南勢群。Kawers名稱出處不詳。上文牽涉到阿美族的分類。在次年提出的《台灣蕃人事情覆命書》中，伊能氏已作出更明晰的分類法，放棄了「××部」（例如Kawers部），而依照地理上的分布，分為「恆春阿美」、「卑南阿美」、「海岸阿美」、「秀姑巒阿美」及「奇萊阿美」。中港社（Makaruvu），今苗栗縣竹南鎮；而後壠社（Auran），今苗栗縣後壠鎮，都是道卡斯族（Taokas）的部落，分別在中港溪及後壠溪出海口處。

其內，其布亦祇遮蔽前身，若行遇風雨，則移其所向，不袖不襟，終難蔽體。

依照《噶瑪蘭廳志》的記載，平埔蕃的衣服有兩種：其一是和其他的蕃族所穿的一樣，開襟短丈的無袖衣；另一是和袈裟一樣披掛於身上的方布衣。我審視所遺留的衣服後，發現除了上面兩種外，還有一種開襟、長及膝蓋的筒袖衣，平埔蕃還對我說，歸附約四十年後，大家還穿這種筒袖衣，用布條從上面加以束緊，如腰帶一般。

他們的服飾和布農族的一樣，衣背上有縱形的色帶貫穿中心點為特徵，男人用布片垂遮下體，女子則使用兩塊方布，從左右兩邊圍繫成腰布。

　　蘭蕃常以低金絲線，作一弓一弦之勢，長約尺許，高約二寸，以金線堅纏於弓弦之際，狀似扁梳，懸於眉額，名金鯉魚。又好雜色珠玩，有如榴子大者，有類瑪瑙形者，有小如魚目者，編串成圍，多非真玩，遇社中有事，不拘大小，輒妝頭掛頸，與紅嗶吱諸色物，鋪陳門首，以相誇耀。

金鯉魚(Kimrihie)，現在已沒有遺留，《噶瑪蘭廳誌》記載：諸番割（即漢人通事）把「銅線鍍金，仿傚其製，以膺易真，致滋繆輵」，造成真正的金鯉魚飾物減少❸。

---

❸「番割」是因通曉番語而出入番社交涉的漢人，與官派的「通事」對稱。後來的照片顯示金鯉魚是佩於胸前的半月型飾具。馬偕博士的書 *From Far Formosa*（《福爾摩沙島遙寄》）裡附有一張武裝平埔族的合照，人人佩著一付金鯉魚，請參照圖一。

圖一：《福爾摩沙鳥遙寄》一書中所附平埔族的合照，其胸前所佩戴者即為「金鯉魚」。本圖由譯註者提供。

　　至於珠玉之類，現在平埔蕃老人還在使用。耳飾只剩女子部分，形式上與台灣南部澤利先族蕃女所用的耳飾（叫做Vutsva）相同。是用絲線將細珠穿綴成一條長二寸左右的珠串，再把數條珠串弄成一束，上端以勾針扣住，穿戴於耳上。另外有腕飾，也是用數條珠串作成的。❹

(4)婚嫁

　　番女年及笄，任自擇配。每日梳洗，麻達（未婚者）有見之而屬意者，饋鮮花朵、贈芍歸荑，遂與野合，乃告父母，成牽手焉。番俗以女承家，凡家務悉以女主之，故女作而男隨焉。番婦耕稼，備嘗辛苦，或襁保負

---

❹澤利先族（Tsarisien），是魯凱族的古稱，居住於今屏東縣隘寮南北兩溪及台東縣大南溪下游，但也有部分的西排灣群被劃入澤利先族。

子扶犁，男則僅供饎餉者有之。

《噶瑪蘭廳志》所載平埔族「以女承家」的風俗，和卑南族與阿美族一樣，都是母系的家族系統，還盛行於今日，在婚姻法中屬於贅婿法，而不是娶婦法。因此，在平埔語中，Vāhē是指祖母及孫而言。由此可以推斷下面兩點要旨：

① 用同一個詞語，表示祖母與孫，而且用另一個詞語來表示祖父，這個代表在某一個時代，以母親的血統做為家族的繼承基礎，也顯示父親沒有享受親子關係。

② 祖父母的稱謂，是因為有「孫」這一個關係者才能產生；反過來說，孫的稱謂，也是因為有「祖父母」的關係才能產生。因此，從平埔蕃以Vāhē同時稱呼祖母及孫的風俗，可見他們原是屬於「分類族制」下的家族組織。

(5)喪葬

番死，曰馬歹(Masukaō)；華言衰也。死不棺殮，眾番幫同掘葬。如農忙時，即用雙木搭架水側，懸囊其上，以令自潰，指其地曰馬鄰(Mārin)，猶華言不利市也。從此該社徑行不由其地。番婦持喪，披髮不飾珠寶，視新月生魄則除。若暴死者，如遇戕害，或溺於水之類，則通社延請北投（即司神者），群哭水涘，念咒施法，拍腿禳逐。既畢，眾番泅水潛歸，終不敢再經其地。

平埔族通常將屍體葬於屋外，絕不葬於室內。從上面引用的廳志可知，農忙時不舉行埋葬，將屍體用番布包裹，放在水邊木架上，讓它自然腐爛，這種習俗與澳洲土人的習俗一樣。澳洲土人將屍體裹在袋鼠皮裡，放在四支木架上，讓鳥蟲啄食。

> 有病危者，則搭一茅蓋，於四無人跡之區，將其服、食、家具移置於此。遇三、五日，或遙遙於宅外呼之。有應，則就之而扶起，否則老於是鄉，無或敢過而問之者。如遇打牲、出草，為人戕害，身首不全，社中概將其家器散盡，謂此人不良，不復更居其室。

依照《噶瑪蘭廳志》所載宜蘭方面的平埔蕃習俗，病人病危時，被放在茅屋內，棄之不顧。這種風俗與泰雅族、布農族及鄒族的風俗相同。假如某一部落發生天花時，染病者的家人迅速逃離，把病人丟棄在家裡。

(6)器用

> 耕稼無田器，只用鉏；漁獵無網羅，止用鏢，或採魚兼用筌篙。炊以三塊石為灶，螺蛤殼為碗，竹筒為汲桶，用土燒鍋，名曰木扣(Vokkao)。與人交易稻穀，以筊籃較準，而不設升斗。番無礦米之具，以大木為臼，直木為杵，帶穗舂令脫粟，計足供一日之食，男女同作，率以為常。

在本雜誌第一三二號，我已敘述了宜蘭方面平埔蕃的陶器Vokkao的製作。假如要和阿美族陶器做一番比較，

請參閱第一三五號鳥居龍藏的一篇詳細報告。上述的平埔蕃器物中，現在還遺留有「螺蛤殼之碗」（用夜光貝或類似的貝殼類製作，主要的用途是當作飲酒器）。

第五章　宜蘭平埔蕃目前的習俗

　　本章所要探討的，不是平埔蕃習俗漢化的現況，而是要提示已經大半漢化了的平埔蕃，有沒有保存舊俗？假如是「有」，那麼舊俗被保存到什麼樣的程度？同時，也要探討那一部分被保存，那一部分已遭受變容而遺留到今天？

(1)裝飾

　　男子都清一色地留漢式的辮子（據說舊俗是在後腦束髮，與北部阿美族，亦即漢人所稱的「南勢蕃」的結髮形式一樣）。女子則還保留著舊俗，也就是說，頭髮在前額上分梳，在後腦束成兩絡，挽在頭上。

　　現在的老婦都佩掛瑪瑙胸飾，是由大小不等的瑪瑙珠串連而成，形狀和日本內地的管玉一般，四角錐、六角錐或八角錐形的同形管玉各取兩顆為一組串連。瑪瑙珠串有兩種：一種是兩端有切面，沿軸開洞，如圖二；另一種是表面平直而沒有鼓出，一樣地在六角錐體內沿軸開洞，以便穿線，如圖三。其他各種珠飾，現在已不再使用。但參加祭祖儀式的時候，老婦仍使用耳飾。

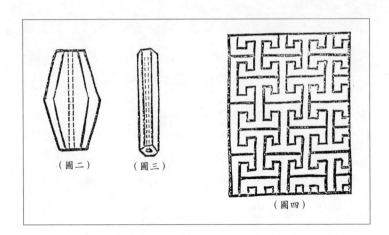

（圖二）　　（圖三）

（圖四）

(2)衣服

有「方布衣」及「有袖短衣」兩種保存到現在。方布
衣現在都穿在漢服上當披肩，而有袖短衣，則是向漢人買
黑布裁作的上衣。

現在平埔蕃社還保留舊式的織布機，形式上與台灣各
蕃族的織布機同型，尤其是與卑南族、阿美族的一模一
樣，詳細的說明，將留待探討其他蕃族的習俗時再補述。
在淡水傳敎的馬偕博士曾經寫過 *From Far Formosa* 一
書，書上第三○六頁有一幅平埔蕃女的織布圖，畫得很精
緻，可作參考。❺

織紋是平行直線並列式，以不同的寬度與不同的顏色
配合，而縫紋也是平行的直線連續式。如圖四。

---

❺馬偕博士書上的插圖是攝影作品，而不是繪畫。照片中穿著有袖短衣，披
　著方布衣的盛裝婦人平坐於草席上，正在操作足蹬式織布機。婦人戴有頭
　飾、胸飾與手鐲。參照圖五。

圖五：盛裝的平埔族婦女正在操作織布機，馬偕博士攝於淡水。本圖由譯註者提供。

(3)婚嫁

婚嫁的舊俗仍然保存到今天。蕃社內讓男女青年自由選擇對象，男子對屬意的女子贈送鮮花的風俗，仍可以在很多平埔蕃社看得到。

(4)喪葬

除了學漢人用棺木入殮外，還保存舊俗。埋葬的時候，挖一個長方形的墓穴，用竹子做×形交叉，放在墓穴兩端，然後將棺木置於其上，上面用泥土覆蓋。所葬的地方成為禁忌，社蕃以後都不敢從那裡經過。

(5)祭祖

現在都在農曆十二月中旬舉行祭祖儀式。平埔蕃都事先釀造新酒，新酒釀好後拿到蕃社內一個地方，發出口哨

一般的聲響三次，這是招請祖靈的一種祕法。這一天按照舊俗，家家戶戶蒸米飯供祭祖靈，然後自家享用。約莫一個月中，全社的社蕃無論是男女老幼，每天飲酒歌舞過日子。

歌而不舞時，只哼吟舊傳的歌謠，或隨意唱出自己的曲調。既歌且舞時，好像都用一種曲調和舞。有單人獨舞的，也有雙人連手而舞的，無論如何，是同樣的舞步，曲調一高一低，尾音拉得很長，例如：

Sokoryā', ōhōnei`, ohonāyā', asavainŷahei'

單人舞分為數節的動作：第一節舉起雙手同時左腳踏出一小步，第二節垂放雙手同時右腳踏出一大步，第三節又舉起雙手同時把右腳抽回，使雙腳併攏，第四節垂放雙手同時把左腳後退一小步，第五節再舉起雙手同時把右腳後退一大步，使右腳比左腳更後面，第六節再垂放雙手同時把右腳踏出，使雙腳併攏，……如此周而復始。

跳雙人舞時，兩人並立，右邊的人用左手的小指頭勾住左邊人的右手小指頭同時彎腰；第一節兩人各舉起未勾連的手，亦即左右外圍的手，同時把外圍的腳踏出；第二節把手放下，同時把踏出的腳抽回，使四腳併攏同時彎腰，……如此重複兩節的動作。雙人舞通常是由一對男女合跳。

(6)迷信

平埔蕃不但還保存著舊俗，同時也保存著不少舊思

想。祖先憑空想像的迷信觀念，都遺留到後代的人身上。
現在舉出顯著的例子如下：

①相信靈魂不滅，從亡魂伴生惡魔的概念，使他們相
　信人的疾病都是這惡魔作祟的結果。

②有的老人當覡，有的老婦當巫，平埔語叫Patoang
　。平埔蕃相信可以藉巫術驅趕惡魔，因此有人生病
　的時候，請巫覡祓除。作法的時候，巫者拿來竹
　葉，口念著咒語，在病人身邊揮動竹葉，以祓除病
　魔。

③出獵的時候先聽鳥聲，以占卜吉凶；有人生病的時
　候，也以鳥聲占卜病情的吉凶。巫者默默地佇立於
　屋外，拱著手傾聽鳥聲，假如鳥連續三次鳴叫
　ssin，如ssin-ssin-ssin，就是吉兆；而只鳴叫一聲
　的ssin，暫停後再叫一聲ssin，則是凶兆。

④鳥糞不巧掉到某人身上，就表示將有禍事降臨於其
　人。

⑤天上打雷的時候，假如母雞啼叫，雷聲就會停止。

　　以上是我在宜蘭方面，向漢化的平埔蕃探錄的舊習
俗、舊思想的大概。大約在二百年前，這一帶的平埔蕃開
始與漢人交易，是造成漢化的重要原因，我暫時不談這個
年代。從平埔蕃向清廷歸附的年代算起，迄今已接近九十
年了，在這九十年間漢化的程度更高，因此除了上述部分

外，他們的舊習俗、舊思想差不多已經無法看到。在移風易俗的腳步加快的情勢下，還能保存下來的，大概有下列三種：

一、裝飾，也就是能發揮美感情操的生活習俗。

二、歷史上傳承下來的，有關婚嫁、喪葬、祭儀的生活習俗。

三、迷信或宗教上的遺傳思想，尤其是未開化人類的心理，令人印象深刻的迷信觀念。

歸納起來，平埔蕃通常是先天上有保守的傾向，女子因為過去受到外來的刺激較少，因此她們所保存的舊習俗與舊思想，比男子所保存的還要多。

第二十六回
台灣通信

宜蘭方面平
埔蕃的實地
調查（續）

《東京人類學會雜誌》
第一五二號
明治三十一年（一八九八）十一月二十日

第六章　平埔蕃的語言

　　台灣的平埔蕃各族中，除了未漢化的Amutourā人以外，已經漢化的平埔蕃不但其生活習俗，甚至其語言上已經被漢族同化了。❶

　　已經漢化的平埔蕃中，現在只有遺老還能記得一些死語。有兩支平埔蕃族雖然習俗上已經漢化了，但還在使用他們的固有語言。他們是宜蘭方面的平埔族Kuvarawan以及台中方面的平埔蕃Pazzehe。在本節裡將會討論Kuvarawan語言。❷

　　在這裡我不想做語言學上的解說，單就平埔語的使用現況做概略的說明而已。爲了方便，分爲語言的性質與語言的構成，說明如下。

---

❶伊能氏没有説明Amutourā族是屬於那一支平埔族，在後文中才提起。它是道卡斯族的一支亞族，清代漢人把它稱爲「南庄化番」，近代學者歸類於賽夏族。請參閱第二六〇頁。另外，伊能氏在《台灣蕃人事情復命書》裡，説明Amutourā族是原居苗栗縣後壠鎮的新港社、竹南鎮的中港社，以及新竹竹塹社的道卡斯族，被明鄭部將陳絳討伐後，退到竹東，一部分社蕃繼續退到山區的南庄地方，自稱是Amutourā人。

❷Kuvarawan族就是噶瑪蘭族。Pazzehe族則是巴則海族，原居地在豐原一帶，後來因受漢人壓迫而遷到埔里及東勢地區，小部分的族人再從東勢集團移民到蘭陽地方。

(1)平埔語的性質

就語言的種類繁多而言，平埔語在台灣的各蕃語中占第一位。尤其是名詞有顯著的變化。單數名詞與複數名詞，也各有變化。複數名詞有兩種：第一種是將單數名詞的全部或部分重複使用；另一種是將單數名詞附加其他語詞，以表達複數，換言之，複數名詞是一種合成語。

在這裡無法舉例詳細說明，僅舉出一些例子來說明平埔語的性質：

（甲）表示數字的名詞

Isa（一）	Lusa（二）
Turu（三）	Supǎ'（四）
Rima（五）	Anum（六）
Pitu（七）	Waru（八）
Siwa（九）	Tahai（十）
Hasivo（百）	Nanaran（千）
Havutin-nanaran（萬）	Hasivo-nanaran（十萬）

台灣其他蕃族的語言中，很少有表示「九萬以上」的數詞，但是平埔語確實有表示「十萬以上」的數詞。平埔語與卑南族語言一樣，用不同的語詞表示視同個位數的「十」，以及視同十位數上的「十」。前者只是指一個固定的數目「十」，如同其他個位的數目；後者是具有動作性質的數詞，個位數目上再加上「十」。舉例說明如下：

Tahai ——————個位數的「十」

Havutin ——————十位數上的「十」

因此，Havutin-isa是「十一」

Lusa-havutin-isa是「二十一」

　　但是，如上表的Havutin-nanaran是「一萬」，即十個
「千」之意。❸

（乙）表示親屬關係的名詞

Vāyī（祖父）　　　　Vāhē（祖母及孫）

Tama（父）　　　　Tena（母）

Hŷunanai（男）　　　Tazoⁿgan（女）

Ā'ā（兄）　　　　　Soani（弟）

Sōnes（孩子）

（丙）表示身體部分的名詞

Uho（頭）　　　　　Vuho（頭髮）

Mata（眼睛）　　　　Unom（鼻子）

Kayal（耳朵）　　　　ⁿGoyŏᵏ（嘴）

Vanhao（牙齒）　　　Sisu（乳房）

Teyan（腹部）　　　　Rima（手）

Zāpan（腳）

---

❸Hasivo-nanaran是「十萬」，即一百個「千」之意。其他如此類推。

（丁）日用品名稱

Urus（衣服）　　　　　Kūvō（漢人帽子）

Zapō（漢人鞋）　　　　Hātas（頭飾）

Masivo（胸飾所用的珠）Kapune（耳飾）

Kisail（跳舞）　　　　Suvaho（用草莖編製的袋子）

Kawai（布袋）　　　　Vokkao（陶器）

Simao（花）　　　　　Nāⁿgani（名字）

Izoanauna（蕃社）　　Naon（山）

Samiyai（木偶）　　　Mul（文旦）

至於人稱代名詞，分為第一、第二、第三人稱，以及
單數、多數。單數的字上多加一個字則表示多數：

我　　　Aiko

我們　　Aiko-Pasano

你　　　Aiso

你們　　Aiso-Pasano

他　　　ⁿGijisu

他們　　ⁿGijisu-Pasano

表示場所的代名詞及副詞，分近稱、遠稱與不定稱：

近稱（這個、這裡）　Zāo

遠稱（那個、那裡）　Wiya

不定稱（甚麼、何處）Nɤanai

表示動作的語詞，在這裡不贅述，但只提出一個特

點，也就是說名詞上加語助詞以表達動作，這種語法是屬於馬來系語言的特點，平埔語也不例外，舉例如下：

衣服（名詞）　　Ulus

穿衣（動詞）　　Si-ulus

帽子（名詞）　　Kūvō

戴帽（動詞）　　Si-kūvō

平埔語的另外一個特徵是合成語很多，也就是說把兩個以上的語詞加起來，而形成另外一個語詞，這種例子很多，平埔語繁雜也是由此造成的，以下舉出幾個例子：

我的孫　　　Vāhe-ko　　　（Vāhe是「孫」的意思）

別人的孫　　Vāhe-so　　　〔aiko「我」，aiso「你」〕

男孫　　　　Vāhe-hŷunanai　〔hŷunanai「男」〕

孫女　　　　Vāhe-tazoⁿgan　〔tazoⁿgan「女」〕

我的所有　　Yaut-iko　　　（yaut是「所有」的意思）

別人的所有　Yaut-iso

我來　　　　Maut-iko　　　（maut是「來」的意思）

別人來　　　Maut-iso

我的名字　　Nāⁿgani-ko　　（nāⁿgani是「名字」的意思）

別人的名字　Nāⁿgani-so

平埔語還有一個特徵，也就是說名詞分為「總稱」及「特別稱」。例如名詞「孫」，如果表示一般的孫，就用Vāhē，如果是指「我的孫」，就在Vāhē後面加上一個

Ko，而Ko出之於aiko（我）；如果是指「別人的孫」，就在Vāhē後面加上一個So，而So出之於aiso（你）。

因此，Aiko-vāhē-ko，直譯為「我的我孫」，只是「我的孫」的連語。

(2)平埔語的構成

我下次撰寫平埔蕃通論時，將就語言構成的一般法則，作一個敘述，在此僅舉出一些句子來說明：

Zāo　　simao　　tavahi.
（這個）（花）　　（紅色）
譯文：這朵花很紅。

Aiso　　nŷanai　　nāⁿgani-so？
（你）　（什麼）　（名字）
譯文：你叫什麼名字？

ⁿGijisu　mauto-iso　nŷanai？
（他）　　（來）　　（何處）
譯文：他從那裡來的？

Aiko Sutaⁿge muruseku purusaraman izoanauna.
（我）（今天）（前往）　（生蕃）　　（蕃社）
譯文：我今天到生蕃的蕃社了。

Wiya　　naon　　vavao.
（那裡）（山）　（高）
譯文：那裡的山很高。❹

---

❹伊能氏似乎忘記了説明「名字」為什麼要用連字，而「來」也用連字？

最後，我引用奇武荖社口傳的〈戀妻歌〉的一節，供作參考。平埔蕃古老的歌曲，將古語與近代慣用語並用，很難做直譯，只好附上意譯的文字：

Tavayō　　　Ravayaka　　masukaȯ,
（男人的名字）（其妻的名字）（死）

anum-ko　　nanam-so,
（我憂心）　（你離開）

māsam　masoneta　　　　　kiyara　tutamon,
（和睦）（同坐，同食、同行）（摘菜）（共煮）

mapataitē-so　uninte-ko　　　　asukaō,
（你病亡）　（我時時刻刻傷心）（死）

masukao-te　　anum-ko,
（要死）　　　（我憂心）

sainie　　　majiyohu-te　pōhana-pāhen.
（煩惱至死）　（在樹下）　（相傳至今）

　　譯文：古時候，搭巴育的妻子拉巴雅卡死了。搭巴育說：「你死了，我的心很憂傷！想起你生前和我兩人，相親相愛，同坐，同食，同行，一起出去摘取野菜，一起煮食。然而你竟然因病而死，從此以後我造次顛沛，憂心不已，寧願一死了脫！我這樣憂傷，死期快要到了。」結果搭巴育因為悲哀過度而死，遺骸留在樹下，而他的故事代代相傳迄今。❺

第七章　調查宜蘭平埔蕃現狀的學術價值

在台灣平埔蕃的研究領域裡，宜蘭方面平埔蕃占最重要的位置。理由分述如下：

(1)台灣各地的平埔蕃，在生活習俗方面幾乎已全盤漢化，但只有宜蘭的平埔蕃還保存著舊俗，因此對於平埔蕃研究，有很大的助益。

(2)將被保存的舊俗性質與已漢化的舊俗性質加以比較，可以歸納出生活習俗變遷的由來，同時可以提供材料，讓我們了解什麼樣的風俗容易改變，什麼樣的習慣能夠永久保存。

(3)平埔蕃幾乎全部喪失了固有的語言，但只有宜蘭方面的平埔蕃還在使用他們的固有語言，因此我認為調查宜蘭方面的平埔蕃，對平埔語的研究最有幫助。

(4)大多數的平埔蕃在習俗與語言方面漢化了，但是有一半的社蕃沒有與他族通婚，還保持著他們原來

---

❺奇武荖社，今宜蘭縣冬山鄉三奇村。依照平埔族舊俗，屍體抬到山中巨樹下，挖一個墓穴鋪以鹿皮，安葬於其地，所以歌詞裡說「遺骸留在樹下」。關於噶瑪蘭語〈戀妻歌〉，伊能氏當年在治安極差、旅途匆促而勞頓的情況下，仍奮力保存即將消失的歌謠，令人讚佩。至於他寫下的羅馬字拼音和字義的解釋，受制於當年語言學（尤其是南島語言的研究）還沒發達的情況，從現代的語言學水準看來，似有必要修正。但是，伊能氏也特別聲明過歌謠裡古語與近代語並用。譯者僅作文字的翻譯，保留它原來的風貌。

的體質特徵，在宜蘭方面的平埔蕃尤其有這樣的情形。

(5)一般研究平埔蕃都要依賴歷史考古的努力，但是在宜蘭地方研究平埔蕃，只要研究他們的現狀就能達成。

由於以上五點理由，只要實地調查宜蘭方面的平埔蕃，就可以獲得學術上的益處。就我目前所知的範圍來說，阿美蕃與平埔蕃可以併入同一系統裡加以研究，這是因為平埔蕃在地理上的分布，與阿美蕃居地接近，同在一條互動的連鎖線上，確實能夠提供不少資料，做出決定性的論斷。概括地說：

(1)宜蘭方面的平埔蕃處於漢化的過渡時期。

(2)宜蘭平埔蕃同時處於考量與阿美蕃互動關係的連鎖性位置。

因此，基於以上兩點理由，宜蘭方面平埔蕃的研究對於台灣平埔蕃的整體研究，具有相當大的價值。

第五篇
台灣平埔蕃的概察

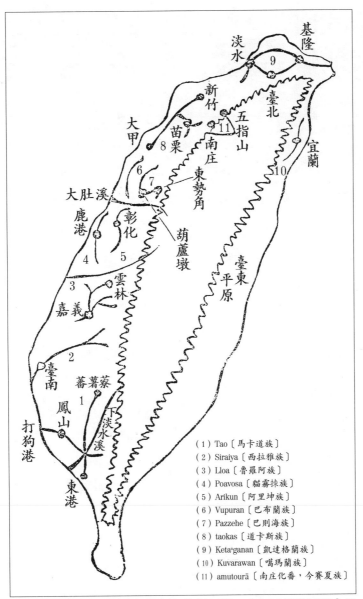

台灣平埔蕃在西部平原的分布略圖（伊能嘉矩手稿，《東京人類學會雜誌》製作）。

第二十八回
台灣通信

台灣平埔
蕃的概察

《東京人類學會雜誌》
第一五四號
明治三十二年（一八九九）一月二十日

　　我曾經奉命調查台灣各地蕃族的現況，本篇是預先調查後所寫的，做為有關平埔蕃部門的報告資料。❶

　　關於平埔蕃的人類學研究，我想將於下次的通信稿中詳述。但是，實地調查的記錄繁雜，需要更多的時日才能完成整理工作，現在將本稿件先寄出，當做本期的〈台灣通信〉。

　　本文既然是《台灣蕃人事情復命書》的原稿，所以沒有論及平埔蕃的心理研究與語言的性質、構成等，這些將留待來日再詳述。所以我先在這兒概述平埔蕃的由來，當做今後要寫的《平埔蕃之人類學研究》的小引。❷

第一節　由來

　　至少在三百年前，也就是明朝的漢人及荷蘭人還沒來台灣占領西部平原以前，台灣的全域都是固棲土蕃聚居之地。漢人將平原上的土蕃稱為平埔蕃，以別於山蕃，其實

---

❶伊能氏接受台灣總督府民政局的委託，於明治三十年五月起，費了一百九十二天跋涉全島山麓地帶，亦即蕃界，調查各族的現況，他的報告《台灣蕃人事情復命書》，已於明治三十二年一月九日提出。報告裡的第二章第八節是平埔族的概述，內容與本文略同。

❷伊能氏後來將畢生精力傾注於清代台灣的蕃政史、台灣文化史研究，以及台灣各族的研究，結果他所期盼的，有系統的著作《平埔族之人類學研究》未能完成，只有一些有關平埔族的小論文散見於當年的各書刊中。

「平埔蕃」並不是他們自己的稱謂，而是別人所給的族稱。

　　簡單地說，三百年來台灣史的舞台位於台灣西部平原，結果平埔蕃遭受到歷史巨變的衝擊力量最多而且最強。歷史上台灣的統治者似乎都把理蕃設施的目標，主要的擺在平埔蕃，因此叛逆者被討伐，順從者被撫化，經過很長的時間以後，被討伐者滅亡，而被撫化者倖存，形成了漢人所謂「熟蕃」的絕大部分。雖然熟蕃不等於平埔蕃，但是證之於今日的事實，平埔蕃卻是構成熟蕃的大多數。關於上述的變遷，外在因素介入的問題姑且不談，下面將從自發造成今日結果的內在因素，略談一二。

　　關於平埔蕃的由來，原有種種的口碑傳說，其中有的可以讓我們推測移居台灣以前的故地，以及移居台灣的大約年代，現在不再細談個別的傳說。大體上，平埔蕃的移入台灣，是局部性的，並不是集體在同一個年代或同一個地點登陸的；有的是在遠古時代，有的是在更晚近的年代試圖渡台的；有的從台灣西南海岸登陸，更有的從西北海岸登陸，各自於登陸地點結社，形成各自的族群。我試著加以分類，得到十部〔十族〕：

　　　(1)Tao　　　　〔馬卡道族，伊能氏後來修正爲
　　　　　　　　　　Makattao〕
　　　(2)Siraiya　　〔西拉雅族〕
　　　(3)Lloa　　　　〔魯羅阿族，應唸成「洛阿」。〕

(4)Poavosa　　〔貓霧捒族〕

(5)Arikun　　　〔阿里坤族〕

(6)Vupuran　　〔巴布蘭族〕

(7)Pazzehe　　〔巴則海族〕

(8)Taokas　　　〔道卡斯族〕

(9)Ketaⁿganan　〔凱達格蘭族〕

(10)Kuvarawan〔噶瑪蘭族〕❸

　　現在的台灣平埔蕃，由於自己擁有的土地大半被侵占，有的遠離家鄉，到別處新開土地居住；有的留在故地的一角，保持餘喘。現在漢人對其土地的霸耕日甚，平埔蕃已走上衰亡之途，結果舊日全盛期的面貌不再，近人也無法探知當年的盛況。

---

❸古來平埔族的分類相當分岐而且困難，伊能氏是平埔族研究的開山鼻祖，首先提到平埔族的分類，但其草創期的分類法，後來有日人學者站在語言學立場加以修正。例如台北帝國大學文政學部言語學研究室小川尚義教授便主張廢棄「生蕃」、「熟蕃」的傳統區別，從語言的差異性與使用程度加以分類，屬於平埔蕃的，有Siraya、Babuza、Hoanya、Papora、Taokas、Ketagalan、Pazeh、Kavalan以及Sao，共九族。近代語言學者如中研院史語所的李壬癸教授，以及原先任教於東京大學的土田滋教授，也都襲用小川教授的分類法，但是作了若干修正。一九八二年土田教授特別繪製「台灣南島民族分布圖」，除了原先小川教授的九族外，另外增加猴猴族（Qauqaut），共十族。猴猴社（伊能氏調查過，請參閱第一九四頁），因為語言與習俗方面與宜蘭其他地區的其他平埔族有顯著的差異，被認為一個獨立族群；李壬癸教授則認為猴猴族是最晚來台灣的一個族，與平埔族、高山族不同，屬於大洋洲Micronesia語支系，可能是在最近幾百年到一千多年前遷移到台灣來的民族。伊能氏的表中Lloa及Arikun，後來被移川子之藏合併成Hoanya（洪雅族），而Makatao也被看成Siraya（西拉雅族）的亞族。Vupuran，現在被改稱Papora，譯成拍瀑拉或巴布拉。

依照遺老的口述以及漢人的舊記錄來考察，各族的原居地分述如下：

　　　馬卡道族──台灣南部鳳山及附近一帶

　　　西拉雅族──台南及附近一帶

　　　魯羅阿族──嘉義及附近一帶

　　　貓霧揀族──台灣中部鹿港及附近的海岸一帶

　　　阿里坤族──彰化及附近一帶

　　　巴布蘭族──大肚溪以北的平原一帶

　　　巴則海族──豐原、東勢一帶

　　　道卡斯族──苗栗、新竹一帶

　　　凱達格蘭族──台北平原、淡水、基隆一帶

　　　噶瑪蘭族──台灣東北部宜蘭平原一帶

　　平埔蕃各族分布的地方，既如上述，各族似乎又分為眾多平埔蕃社。❹

　　清代武林人郁永河，曾經在清朝領有台灣後第十五年

---

❹伊能氏在台十年，最早調查平埔族，但後來忙於編纂《理蕃誌稿》《台灣蕃政志》等書，所以僅完成北部與東北部的調查，未及調查中、南部就回日本，殊為可惜。後人沒有繼續他的志業，撰寫《平埔族之人類學研究》。因此除了荷領時代荷蘭人所作的平埔蕃社戶口資料調查，以及明治四十二、三年台灣總督府蕃務課及全台各廳署、支廳署奉命調查完成的《平埔蕃調查書》（手稿本，未發表）以外，迄今沒有平埔部落的全面調查與統計資料。《平埔蕃調查書》在體例上分為荷蘭、西班牙、鄭氏、清四個時期理蕃及其結果。尤其重要的是，羅列各蕃社戶數、男女人口數。可惜這本手稿資料仍需校正與考證，而遲遲未能正式出版。因此伊能氏所言「似乎又分為眾多平埔蕃社」，就今日的狀況而言，確實是一片茫然，無從知曉究竟有過多少部落？多少人口？

來台，親自踏查各平埔蕃社，並且探討其近況。依照當時的記錄，在荷蘭及明鄭統治台灣的時代，台灣西南部的土蕃〔指西拉雅族〕，都已受到敎化。但是其他各地的土蕃，仍然屬於混沌未鑿的境況，尤其是彰化以北的地方，到處是蓊鬱森林，土蕃潛伏其間，伺機射殺過路的行人，越接近台北平原，情勢越險惡，因此可以形容其地界爲「狐貉之窟，非人類之所能至」。

平埔蕃當初也有馘首的習俗。依照漢人的舊記錄，殺人時將頭顱截斷，烹煮以去掉皮肉，再將頭骨飾金，以誇示蠻勇。❺

最初，荷蘭人據台時很多漢人意圖移殖台灣，有的甚至深入蕃地與土蕃交易。荷蘭官吏對他們的監督很嚴厲，假如沒有得到官吏許可，任何人都不許與土蕃交易，而且被允許交易的社商，都要把交易所得的鹿皮，交出部分，作爲贌稅。清代沿襲其舊制，稱爲輸餉。到了康熙末年，輸餉的平埔蕃已擴大到宜蘭平原的噶瑪蘭族。而在乾隆初年，大多數的西部平原平埔蕃，已從間接的輸餉，進而將部分的蕃產所得納官，可說已完全就撫了，從此以後，已就撫的土蕃便被改稱爲「熟蕃」。

促成平埔蕃就撫的，當然應歸功於從事交易的漢人通事，但是策動漢人向蕃地侵占霸耕的首謀者，也是這些通

---

❺漢人舊記錄，指伊能氏已經涉獵到的《台灣全志》，包括《台灣府志》、《鳳山縣志》等，其中《安平縣雜記》對舊俗的描寫最細膩生動。

事。自古以來通事為了一己之巨利，汲汲於愚弄平埔蕃。這是一個事實，當年的有識者也知道通事的弊害，但是苦無矯正之術。**❻**

郁永河也因此不禁感嘆說：

> 通事正利番人之愚，又甚欲番人之貧；愚則不識不知，攫奪惟意；貧則易於迫挾，力不敢抗。……即有以冤訴者，而番語侏離，不能達情，聽訟者仍問之通事，通事顛倒是非以對，番人反受呵譴。……其情至於無告，而上之人無由知。是舉世所當哀矜者，莫若番人矣。

上面所說的話確是事實，結果不斷有平埔蕃被迫起而抗命的情事發生。原居於大台北方面的凱達格蘭平埔蕃，經常不服官命，使清人嘆為「最難治」，便是一個例子。然而，平埔蕃不像山蕃有負嵎蹯踞的地利，所依賴的只是鏢、刀、弓箭之類，征討的清軍一到，就被擊潰敗走，雖然有時候也能夠擊退清軍，情勢上還是處於敗者的地位，於是眾多社蕃漸漸趨向「馴化」一途而已。

在這個時候，漢人移殖於平埔蕃居地者，日漸增多，也跟熟悉蕃情的通事互相勾結，在蕃地霸耕侵占。其實，

---

❻通事是一種官職，由通曉蕃語的漢人充任，住在蕃社或附近，主要的是傳達官命於蕃社及蕃餉的收繳、差役的分配等，但後來玩弄職權，為害社蕃的通事增多，清代據台末期，部分蕃社改用通曉蕃語與漢語的平埔族擔任通事，稱為「熟番通事」，總算減除了弊害。伊能氏所謂有識者，是指郁永河等人，實際看到了平埔族的悲慘遭遇。參照《神海紀遊》卷下。

霸耕侵占的手段有兩種：其一是消極的手段，以巧言百般
籠絡蕃人，以少許的物品，如斗酒尺布之微，與蕃人交換
大片的土地。所謂「贌約」，也不過是隨意記載對漢人有
利的事項，趁蕃人不認識文字的好機會，迫使蕃人捺拇指
印於不利於自己的契書，以這種契書騙取蕃人的土地。目
前仍然留在蕃社一隅的平埔蕃，就是這些被騙取土地者的
後代。

其二可以說是積極的手段：漢人公然以武力壓迫平埔
蕃，焚燒他們的住屋並殺掉他們，把未殺掉的平埔蕃驅趕
到部落外的荒地，掠奪他們的土地。目前已離開故地，在
新開的土地居住的平埔蕃，就是這些倖存者的後裔。

為了讓讀者知道平埔蕃如何遭受到極端的凌虐和慘酷
的壓制，我想在此引用姚瑩所著《埔裏社紀略》中，有關
嘉慶年間漢人侵入埔裏社平原，毫無忌憚地侵占平埔蕃土
地的記事，節錄要點如下：

> 嘉慶十九年，有水沙連隘丁首黃林旺，結嘉、彰二
> 邑民人陳大用、郭百年，……貪其膏腴，假已故生番通
> 事、土目赴府言：積欠番餉，番食無資，請將祖遺水
> 裡、埔裡二社埔地，踏界給漢人佃耕。知府某許之。二
> 十年春，郭百年即示照，遂擁眾入山。已乃僞貴官，率
> 民壯佃丁千餘人至埔裏社，囊土爲城，黃旗大書「開
> 墾」，社番不服，相持月餘，詐稱罷墾，官兵即日撤回，
> 使壯番進山取鹿茸爲獻，乘其無備，大肆焚殺。生番男

婦逃入內徑，聚族以嚎者半月。得番串鼻熟牛數百、未串鼻野牛數千、粟數百石、器物無數。聞番死以物殉葬，乃發掘番塚，得槍刀各一。既奪其地，築土圍十三、木城一，益召田墾，眾番無歸。

這件漢人侵占平埔蕃土地的事件，經一年後才被清廷官吏所發覺，乃諭令驅逐漢人，幸而平埔蕃最後能夠收復失土，從這個事件可以想見凌虐之極。

在漢人百般凌虐平埔蕃的事件中，積極的侵占行為全盛期在道光年間，聞名的「平埔蕃兩大移民潮」就是發生在這一時期的。自從雍正與乾隆兩個朝代以來，清廷為了杜絕侵占的弊害，銳意改革，特別設立了「理番同知」官職處理蕃務，雖然得到了暫時性的舒緩，但是到了道光年代以後，已經失去當初厲行的管制行動，同時漢人移墾侵占的行為，更加頻繁，勢如破竹，在台灣西部兩個地方爆發了重大事端。

其一是漢人以北路，亦即彰化方面為中心，大舉侵占巴則海族、貓霧捒族、巴布蘭族、阿里坤族、道卡斯族的全部或部分居地；另一是以南路，亦即鳳山方面為中心，漢人大舉侵占馬卡道族與西拉雅族的全部或部分居地。

這兩大侵占事件，迫使平埔蕃喪失了反抗的力量。就北路而言，彰化方面的平埔蕃率眾進入埔裏社平原，不得不在山岳環峙中，新開土地居住。平埔蕃各族在埔裏社開始拓殖的時候，在部落之間訂立了一個公約，節錄其要點

如下：**❼**

> 漢人侵占土地益盛，我族飢寒交迫，逃散四方。酌
> 議欲爲社而安居，四處尋踏有界內山後，閒埔裏社地坦
> 土膏，堪開闢資生，以裕口糧，是以鳩集公議，往彼開
> 墾。爰是公同議立合約，凡我同約番親，須當竭力開
> 墾，毋許侵入內山擾動生番，毋許恃強凌弱，毋許引誘
> 漢人在彼開墾，毋許傭雇漢人在地經營。

　　至於南路的平埔蕃〔馬卡道族及西拉雅族〕也率眾南遷
到現在的枋寮，一部分的族人橫越中央山脈到台東地方的
巴塱衛〔台東縣大武〕，再由此北進卑南平原。他們在卑
南平原時，卑南族不允許他們開墾其地，再北進到秀姑巒
溪南側開闢土地居住；另外一部分族人繼續沿著西部海岸
線南下，進入恆春平原龍鑾社的地界，以牛隻交換土地安
居下來。依照南下的平埔蕃口碑，向南移動時，同時趕著
兩千頭牛，可見勢力是相當大的。

　　移民潮到了咸豐年代，就到達了頂點，此時編纂完成
的《彰化縣志》，描述蕃地的變遷說：「歸化熟蕃，居所
或漢人雜處，或遷徙而墟其地。」

　　平埔蕃過去受到了很多外來的衝激，因而更進一步漢

---

❼ 這裡所謂公約，是指進入埔里盆地的平埔族，亦即來自西部平原的岸裏
社、阿里史社、烏牛欄社等十四社，為了防止土地再度被其他人墾者侵
占，於道光三年（一八二三）正月，由各社頭目及通事出面所訂立的合
約。此公約可能是伊能氏自己取得的文書，收錄於《台灣蕃政志》裡。

化；另一方面，清廷也推行政策上的獎勵，改變了他們的風俗。漢人最晚於同治年間完成的縣志《淡水廳志》完成，記錄番俗的變易，說：

> 風俗之移也，十年一小變，二十年一大變，淡水番黎較四邑爲多。乾隆二十九年以前郡志所錄，類多耳所未聞，目所未睹。今自大甲至鷄籠，諸番生齒日衰，村墟零落。其居處、飲食、衣飾、婚嫁、喪葬、器用之類，半從漢俗，即語通漢語者，十不過二三耳。

到了現在，他們沿襲清朝風俗，操漢語，從外表看來，已經無法與漢人區別了。從現在已漢化到十之七八的程度判斷，可以分爲下列幾類：

第一、習俗與語言完全漢化的平埔蕃

　　　馬卡道族（鳳山方面）

　　　西拉雅族（台南方面）

　　　魯羅阿族（嘉義方面）

　　　貓霧揀族（鹿港方面）

　　　阿里坤族（彰化方面）

　　　巴布蘭族（大肚溪以北方面）

　　　道卡斯族（苗栗、新竹方面）

　　　凱達格蘭族（大台北方面）

第二、習俗已漢化，但仍在使用平埔語的平埔蕃

　　　巴則海族（葫蘆墩〔台中縣豐原〕方面）

第三、部分蕃俗仍保存著，而且仍在使用平埔語的平
　　　埔蕃
　　噶瑪蘭族（宜蘭方面）❽

第二節　未漢化而仍保持舊態的平埔蕃

　　如上節所述，一般所說的平埔蕃幾乎全部漢化，但是
還有少數依然保持舊態，他們被漢化的程度相當低。

　　位於新竹東南方的南庄山中，住著一群自稱Amutourā
的人種。據說他們還保存傳統的習俗，但是由於與泰雅族
毗鄰而居，除了某些習慣以外都經由模化的過程而泰雅化
了。❾

(1)現在的生活習俗

　　維持散村的型態。房屋、穀倉、家畜小屋等建築，形
式上與附近的泰雅族是屬於同一類型的。唯一的例外是：
房屋的內外都懸掛著獸骨，但是不設人頭的頭骨架。

　　關於衣飾方面，上衣、帽子與附近的泰雅族同型，男
子的短裙已經改為漢式的短褲；但裝飾方面使用泰雅族的
款式。至於毀飾方面，只保存刺墨之風。他們與泰雅族一

---

❽伊能氏將所謂十之七八已漢化的平埔族列為十族，括弧內的地名，是各族
　的原居地。
❾除了伊能氏以外，以研究「蕃語」與「地名」而著名的日人學者安倍明義
　也持同樣的看法，把這一支民族歸類於道卡斯平埔族。清代漢人稱之為
　「南庄化番」。不過，現代的學者傾向於將這一族單獨稱為「賽夏族」，既
　不是平埔族，也不是泰雅族的亞族。

樣，在額頭、下顎施行刺墨，但女子的嘴邊刺墨，已經沒有保存。❿

飲食方面，與近鄰的泰雅族一樣。

(2)傳統的習慣

結婚是採自由放任的方式，兼有娶女、入贅的習慣。現在更進一步學習漢人的「聘財結婚」，維持一夫一妻制度，不允許近親結婚，這一點與其他蕃族一樣。

喪葬的習慣與鄰居的泰雅族大不相同。家裡有人死亡，親族都來哀哭，卜葬於山中巨樹下，鑿開一個墓穴，穴內用一張鹿皮鋪地，把屍體平放在鹿皮上埋葬。喪家三天不出門。⓫

祭祖的儀式每年舉行兩次，分別在插秧時與收穫後，通常都以蒸飯與酒肉做為供品，祭禮完畢後，全部落的蕃人會飲。

馘首遺風現在還保存著，但只是偶而去實行。這種遺風還不能改掉的原因是：①馘首者被社內蕃衆視為英雄，②為了解決是非的爭論，以完成馘首的一方為勝利者。

但是，現在部落內已沒有收藏頭顱的風氣，由於百年

---

❿ 毀飾是未開化人類中常見的身體裝飾的一種，最為原始，包括理髮、刺墨、缺齒、涅齒、穿耳、除毛等。據伊能氏的見解，原為平埔族的這一支族人，模仿泰雅族在自己臉上施行刺墨，來表現原始的審美觀。

⓫ 巨樹下埋葬的方式普遍見於平埔十族的舊俗，但文獻上沒提到過本族有這種傳統的風俗，伊能氏是最早提到的學者。伊能氏認為Amutourā人（南庄化蕃）也是平埔族，喪葬習俗可說是佐證之一。

來與漢人往來交涉更加頻繁，馘首的風俗已逐漸被廢止了。

按康熙末年以前，這一支平埔蕃也有過激烈的馘首行為，關於這一點，從漢人的文獻記錄中可以看到。據文獻所載，他們經常埋伏在草莽之中，伺機砍殺過路的行人，並割取頭顱。清代開拓北部時，清廷曾經表明非做善後之計不可，由此可知馘首之風多麼盛行。

(3)頭目的統制

社會組織是採「家族單一制」的制度，頭目是世襲的，管理部落所有的土地，而社衆只是從頭目那裡分配到一定的土地，收穫時交納部分穀物，以盡義務。

(4)史蹟

平埔蕃各族已經全部被漢化了，只有本族特別未經漢化，其原因非從歷史上的事實加以說明不可。

清廷領有台灣以前，明鄭把荷蘭人逐走，繼承爲台灣的統治者，爲了充實餉糧，開拓偏遠的荒地。從西北部的「竹塹埔」，也就是大甲溪畔開始，向北開拓到現在的新竹縣城一帶。其實這一帶原是道卡斯族的居地，大多數的平埔蕃社都聞風歸附鄭氏一族，只有新港、中港、竹塹三社的部分土蕃不肯歸服，被鄭成功的部將陳絳討伐後，最後分爲兩隊逃亡。一隊隱居在現今樹杞林（竹東五指山）一帶，另一隊則蟄伏在今南庄地方，但是後來被移墾的漢人

趕走，竄入附近的山中。

這些平埔蕃舉辦每年一次的祭典儀式時，都在歌謠中傳出這段歷史故事。這一支族人的本籍地，也就是道卡斯族的各歸化蕃社，也有口碑傳出蕃社內的部分族人如何被明鄭的部將逐入山中的故事。

依照郁永河的《海上紀略》，第一次撤退是在康熙二十一年〔一六八二〕，也就是台灣納入清國版圖的前一年；後來遭遇漢人侵墾而做第二次撤退的年代，大概是在嘉慶與道光年間。

最後一次撤退山中時，當地已經有泰雅族的先住民，自然引起兩族衝突，Amutourā人雖然一時戰勝而占居一個地區，但是人口少到不及泰雅族百分之一，而且占居的地方三面受泰雅族包圍，為了生存，處處模仿泰雅族。結果，除了傳統的習慣外，外在的生活習俗已幾乎全部泰雅化了。在語言方面，則還繼續使用本來的道卡斯語；但是因為與附近的泰雅族連絡時講泰雅語，經過一段長時間後語言也發生了變化，現在他們的語言中，有Amutourā語與泰雅語的混合與轉訛成分。

第三節　平埔蕃的舊習俗

現在概述已漢化的平埔蕃所保存的舊習俗，做為本文的結語。

經漢人學者編纂的有關平埔蕃舊俗，僅限於零散的記

錄，讓人無法根據這些資料考察全貌。例如《台灣府志》
所載的蕃俗，原來是根據康熙末年巡台御史黃叔璥所寫的
〈番俗六考〉，再加上作者向外諮詢所得的資料，可以說稍
見完備。但是，所記述的舊俗僅限於衣、食、住及婚嫁、
喪葬的大致情形，沒有涉及其他部門。⓬

　　因此，我開始到各地做實地訪談，從平埔蕃遺老的言
談中所得的資料，參照平埔族遺留的舊物，將這些考證過
的實際資料，分別敘述於以往的通信稿中。以下舉出二十
二項來概括各期〈台灣通信〉稿的要點：

　　①社會組織屬於家族單一制，而頭目是世襲的。
　　②頭目有行使治罪之權，其中，有夫之婦與他人通
　　　姦，刑罰最重，有的甚至處以斬殺之刑。
　　③家族組織是從母系社會的分類族制發展出來的，大
　　　致上與布農族的大家族合居制度相同。
　　④房屋的外形多半像覆舟，一般都是有前、後門相通
　　　的形式。用木柱撐高的屋子內部，鋪以木板，門口
　　　有木梯供出入。床板有的是使用竹片鋪蓋。
　　⑤房屋外面懸掛著整排的野獸頭骨。
　　⑥上衣分為長及肚臍的短衣，和長及腰部的長衣兩
　　　種，袖子都是筒型的。有的部族過著裸體的生活，

⓬伊能氏在這裡慨嘆文獻資料的不足，其實是有道理的。所謂「沒有涉及其
　他部門」，應該是指其他的物質文化，至於平埔族的思想、感情等精神文
　化，從來是被忽略的。

如馬卡道族就是一例。

⑦衣服是用苧麻自己織造的，部分使用樹皮的纖維織成。

⑧男子出獵時，都穿著用鹿皮製成的衣服。

⑨裝飾品使用珠玉之類，佩戴於頭部與胸前，一般都有包頭的風俗。

⑩身體的毀飾，包括一般風行的穿耳，像凱達格蘭族耳朵穿五個到九個洞；像魯羅阿族的穿耳風俗，有的人讓大耳朵垂到肩上；又如魯羅阿族的某些部落，也有缺齒的風俗；又如巴則海族也有刺墨的風俗，雖然這後面兩種風俗並不普遍。

⑪烹飪食物的方法只有兩種：清蒸與水煮。據說在最早的年代是不用煮的，只是用蒸的方式處理食物。立三塊石頭為爐灶。

⑫漢人還沒移入台灣以前，平埔蕃沒有鐵器，炊食的用具多半是用自製的圓底縮口型陶器，稱為Pokkao。依照口碑，米飯的炊法是先把白米泡在水裡，然後將米和水裝在新鮮的竹筒內，投入火中燜熟；將石板置於火上烤熱，再放食肉於石板上燒烤；他們不用筷子，用手抓食。

⑬釀酒的方法，是採用嚼釀法和素釀法，據說在最早的年代只有嚼釀法。

⑭為了表示友好，通常採用共杯合飲的方式來表達。

⑮結婚制度屬於任意婚，兼有娶女與入贅的風俗，但
　大致上贅婿法較多。馬卡道族尤其風行一種特別的
　風俗，也就是說成年的女子在外頭構屋獨居，再擇
　配結婚。又如西拉雅族，結婚時將新娘放在高架
　上，由衆人抬起來遊行於部落內。

⑯平埔蕃相信疾病是由於死人的靈魂作祟而引起的，
　因此生病的時候，請女巫祓除病因。

⑰關於埋葬的方式，平埔蕃採用屋內葬與屋外葬兩
　種。通常將死者生前使用過的個人用品，一半做爲
　陪葬品。如噶瑪蘭族，農忙時只將屍體用布包裹，
　棄置於水邊，不予以埋葬。

⑱喪後某一期間內，家人的舉止謹慎而且不出門。後
　來也開始穿喪服。

⑲依照他們的素樸信仰，祈福避災都要依靠祖靈在冥
　冥中加護，至少每年舉行一次祭祖儀式。

⑳宗教上的迷信：相信夢是祖靈的啓示，聽鳥聲占卜
　吉凶。（例如《台灣府志》也記載：「將捕鹿，先
　聽鳥聲占吉凶，音亮吉，音細凶」。）

㉑以殺人馘首來誇示勇氣，將砍下來的人頭用黃金裝
　飾，並珍藏起來。

㉒古來有尙武之風。往昔平埔蕃被稱爲獰猛難治，據
　說，甚至澤利先蕃〔魯凱族及部分西排灣群〕也懼怕
　近鄰的馬卡道平埔蕃，聽到門外有馬卡道的聲音，

就不敢出門。

　　以上是還沒漢化，或剛歸附清廷的最初年代所看到的概況，二百多年來受到了外界的衝擊與啓蒙，平埔蕃今日已成爲漢化的新人種了。

附錄

〈附錄一〉里程換算表

公　里	公　尺	華　里	日　里	日　町	日　間
1	1000	1.736	0.255	9.167	550.03
0.001	1	0.001736	0.000255	0.0092	0.55
0.576	576	1	0.417	5.28	316.8
3.927	3927	6.818	1	36	2160
0.109	109.09	0.189	0.0278	1	60
0.001818	1.818	0.003	0.00046	0.0167	1

華制　1里＝180丈＝1800尺

日制　1里＝36町＝2,160間＝12,960尺

　　　1台尺＝1日尺＝0.30303公尺

　　　1華尺＝0.32公尺

*本表採自楊南郡《八通關古道西段調查報告》，1987年。

〈附錄二〉伊能嘉矩年譜

一八六七年　　1歲　　五月九日　出生於日本岩手縣遠野町新
（慶應三年）　　　　　屋敷伊能宅（戶籍登記爲明治元年出
　　　　　　　　　　　生），父親爲江田霞邨之次男守雄；母
　　　　　　　　　　　親爲伊能友壽之女千代子。幼名容之
　　　　　　　　　　　助，名爲嘉矩，字明卿，號梅陰。晚
　　　　　　　　　　　年號蕉鹿夢等，別號梅月堂、砥斧
　　　　　　　　　　　仙、臺史公等，羅馬字則以「YI」簽
　　　　　　　　　　　署。

一八六八年　　2歲　　在母親懷裡就能背誦蘇東坡〈赤壁賦〉。
（明治元年）

一八六九年　　3歲　　十一月三十日　母親千代子歿，享年二
　　　　　　　　　　　十三歲。母親歿後受祖父母照顧。
　　　　　　　　　　　十二月三日　日本全國實施陽曆（以下
　　　　　　　　　　　年譜均爲陽曆。）

一八七〇年　　4歲　　一月一日　外祖父江田霞邨擔任寸陰館
　　　　　　　　　　　教務主任。
　　　　　　　　　　　父親守雄上京習醫。

一八七一年　　5歲　　外祖父霞邨擔任傳教士。

一八七二年　　6歲　　一月　祖父友壽督促之下誦讀四書五
　　　　　　　　　　　經。
　　　　　　　　　　　二月　從曾祖父學習珠算。

一八七三年　　7歲　　五月十日　外祖父江田霞邨擔任橫田一
　　　　　　　　　　　番小學教師。

一八七四年　　8歲　二月二日　進入小學。

著〈惡兒戒書〉。

一八七五年　　9歲　定期考試不及格而留級。

一八七六年　10歲　一月　從小笠原民助學習小學課程，從
好友沖館章庫學習算術，空餘時間從
事習字。

五月二十一日　學業優良，獲贈習字紙
二帖、石筆一支。

七月十八日　定期考試成績為下等第八
級及格。

一八七七年　11歲　二月五日　定期考試成績為下等第七級
及格。

四月二十五日　定期考試為成績下等第
六級及格。

八月二十三日　曾祖父伊能九十九歿，
享年七十三歲。

九月　《遠野新聞》刊載伊能一篇有關
遠野雜事的文章，此為立志當記者的
嚆矢。

十二月十九日　定期考試成績為下等第
五級及格。

一八七八年　12歲　五月十九日　因學業優良獲贈《日本略
史》一卷。

六月二十五日　定期考試成績為下等第
四級及格。

八月　著〈排佛新論〉。

一八七九年　13歲　二月　外祖父江田霞邨擔任橫田村第一
　　　　　　　　　　任學務委員。

　　　　　　　　　四月二十九日　定期考試成績爲下等第
　　　　　　　　　　三級及格。

　　　　　　　　　五月二十三日　任職於岩手醫院的父親
　　　　　　　　　　守雄因母病而辭職。

　　　　　　　　　十月二日　定期考試成績爲下等第二級
　　　　　　　　　　及格。

　　　　　　　　　十二月　西閉伊郡內聯合考試成績獲第
　　　　　　　　　　一名。

一八八〇年　14歲　四月三日　父親守雄的「十全病院」於
　　　　　　　　　　遠野開業。

　　　　　　　　　四月三十日　自岩手縣上閉伊郡公立橫
　　　　　　　　　　田小學校普通科畢業。因學業優良獲
　　　　　　　　　　得岩手縣廳獎狀及獎品。

　　　　　　　　　五月二十四日　進入江田霞邨開辦的敬身
　　　　　　　　　　塾，從宇夫方文吾學習漢學、修身、
　　　　　　　　　　歷史、文章。（學習至一八八三年三
　　　　　　　　　　月。）

　　　　　　　　　六月　從祖父友壽學習國學大意，晚上
　　　　　　　　　　至小笠原民助宅出席歷史研討會。

一八八一年　15歲　決心著書及學習漢學，同時想繼承父親
　　　　　　　　　　學醫，因學費短缺而放棄。

一八八三年　17歲　四月　著手記〈鹿之狸自叙傳〉。（鹿之
　　　　　　　　　　狸，日語讀音カノリ，亦即嘉矩本人。）
　　　　　　　　　江田霞邨的敬身塾廢校。

一八八四年　18歲　一月　著《三村地誌略》、《征清論》。

三月　擔任橫田小學助理。

三月三十一日　外祖父江田霞邨歿，享
年七十歲。

一八八五年　19歲　三月一日　赴東京遊學，與淺香、小
原、小笠原三氏從遠野出發。五日，
由石卷搭船至橫濱，七日抵達東京。

三月十五日　考上「斯分黌」（校名）中
等科最高年級，卻因學費無著落而於
十七日退學。

五月十二日　進入文學博士三島毅開辦
的二松學舍學習漢學。

將《霞邨詩抄》及自著《征清論》、《三
村地誌略》捐贈東京圖書館。

六月十日　暑假返鄉，校訂《日本維新
外史》草稿。

八月　月底再度上京，返回二松學舍。

閒暇時至上野公園博物館書籍展覽室自
習，並從上野花園町溫知塾的馬衫雲
外學習文法。

一八八六年　20歲　一月十五日　與南岩手郡東中野村士族
千種成美之三女蝶（テフ）結婚。

一月　與熊本縣出身的林田遊龜結為金
蘭之交。

十月　從二松學舍退學。

十二月　以公費推薦生身分進岩手縣師

範學校就讀，直至一八八九年三月在
校期間，同時從盛岡之山崎吉貞學習
英語。

一八八七年　21歲　四月四日　因祖父友壽退隱，繼承家業。

七月十七日　課餘至二戶鹿角旅行，二十
五日歸來。

十月十五日　參加畢業旅行攀登岩手山。

一八八八年　22歲　七月二十五日　與妻子テフ離婚。

十月十六日　友壽的繼室綱（ツナ）入
籍。

一八八九年　23歲　二月十一日　紀元節（日本開國紀念日）
。大日本帝國憲法頒布。當天伊能嘉矩
、菊池房松、鵜飼悅彌、里見朝佑四人
結盟鼓動宿舍騷動（鬧學潮）。

三月四日　以宿舍騷動的主謀者為由，
四人同時被勒令退學。

三月十五日　由盛岡出發上京。（後來以
一篇遊記〈奧東探跡紀行〉發表於《敎
育報知》，現存遠野市立圖書館）。

四月　進入文學博士重野安釋開辦的成
達書院學習漢學。

以筆耕收入繳納食費和學費，每日至圖
書館自習。

十月　進入每日新聞社，擔任編輯工
作。

一八九〇年　24歲　十月一日　以每日新聞社編輯的身分違

反新聞條令，被監禁一個月並科罰鍰
二十五圓。

十一月三日天長節（明治天皇誕生日
）。由東京出發至奧東尋幽探勝旅行。

一八九一年　25歲　八月　在日下部三之助的東京教育社，
擔任《教育報知》雜誌編輯工作。

八月一日　以教育評論社社員身分出席
千葉縣教育會第十四屆總會，宿於千
葉町字寒川。

九月　於奧羽信越地方漫遊途中，與地
方教育界人士相會。

九月一日～三日　登富士山。

一八九三年　27歲　大日本教育新聞社重新開設，受聘為主
編。

十月　加入東京人類學會，從理學博士
坪井正五郎學習人類學（直到一八九
五年十月離日渡台為止）。伊能的住
所登記為東京市神田區錦町3丁目17番
地今井館。

十一月五日　於人類學會第九十次例
會，演講〈朝鮮的里程標〉。

一八九四年　28歲　四月一日　於人類學會第九十五次例
會，演講｜有關オシラ蠶之守護
神」。

五月　發表〈奧州地方所信仰的オシラ
神〉於東京人類學會雜誌（伊能嘉矩

在學會雜誌發表的第一篇文章）。

八月一日　日本對清國宣戰。

八月二十日　第二屆「土俗會」於東京富士見町明治義會講堂召開，伊能以會員身分出席。

九月　發表文章〈科學的土俗研究之必要性及與普通教育之關係〉於人類學雜誌。

十月　於東京文學社教育編輯所，從事學校教科書編輯工作。

十一月二十二日　由東京六合館書店出版《戰時教育策》。

十二月　與鳥居龍藏共同創設人類學講習所於東京

一八九五年　　29歲　二月十八日　由東京六合館書店出版《訂正增補戰時教育策》。

三月十一日　由東京普及社出版《戰時教育修訓》。

四月　加入朝鮮支那語協會，從清國人張滋肪學習清國官話；也從山崎英夫及韓國人習朝鮮語文，其間從北海道土人學習倭奴語。

四月十七日　清日簽訂馬關和約，台灣割讓給日本。

五月十日　海軍大將樺山資紀就任台灣總督。

五月二十五日 台灣住民反對台灣割讓，發表台灣民主國獨立宣言。

六月十七日 第一任台灣總督樺山資紀就任，台灣總督府舉行始政式。

六月十八日 內閣總理大臣伊藤博文兼任台灣事務局總裁。

八月十二日 坪井正五郎在書函中，提出對第三屆「土俗會」議題的意見。

八月二十五日 第三屆「土俗會」於明治義會講堂舉行，伊能發表演講，演講中分發他的〈趣意書〉，坦述往台灣探險的心志，呼籲各界給予協助。

十月二十九日 由東京出發，目的是渡台。

十一月三日 以陸軍省雇員身分搭乘汽船「愛國丸」，由廣島的宇品港出航。

十一月十日 被任命爲台灣總督府文書課雇員，月俸二十圓。

十一月十八日 樺山總督向大本營報告台灣已平定。

十二月十五日 與田代安定爲共同發起人創立「台灣人類學會」。

十二月二十三日 台灣總督府內設置台灣話講習所，規定雇員以上官員必須參加台灣話講習。

一八九六年　　30歲 **一月一日** 台北市內土匪來襲。芝山岩

上的六名學務部員及一名軍夫被殺。

一月八日　以兼任學務部職員身分趕往
　　士林芝山岩現場，處理善後。

一月　出席台灣土語講習所，從吉島俊
　　明、陳文卿兩人學習台灣話。

一月　從台灣北部泰雅族少女阿伊及少
　　年伊凡學習泰雅語（至一八九七年十
　　二月才結束）

二月二日　爲在芝山岩殉職的六名學務
　　部員及陣亡二十三名的警官舉行追悼
　　會。

**三月三十一日　台灣總督府由軍政進入
民政時期。**

四月一日　被任命爲台灣總督府國語學
　　校書記兼民政局屬員。

四月　堂兄江田駒次郎來台。

五月五日　至台北縣各地作公務視察。

五月　發表有關泰雅族族稱之論文於
　　《東京人類學會雜誌》。

六月一日　台灣人類學會內規制定，至
　　六月十日計有會員二十一名。

**六月二日　陸軍中將桂太郎繼任第二任
台灣總督。**

七月一日　於台北士林芝山岩舉行「學
　　務官僚遭難紀念碑」的建碑儀式。

七月二日～一八九七年四月五日　進行

「淡北方面平埔蕃調查」。

七月十五日　鳥居龍藏爲進行台灣之人類學調查，從東京出發到台灣。

八月十七日　「台灣人類學會」設立蕃人教育部，由伊能負責。

九月二十五日　頒佈國語學校規則。

十月十四日　陸軍中將乃木希典繼任第三任台灣總督。

十月一日～二十四日　至宜蘭地方進行「宜蘭方面平埔蕃調查」，此時寓所在士林。

一八九七年　31歲　一月一日　往台灣北海岸遊覽。台北市內又有土匪來襲。

一月八日　民政局設立「臨時舊慣調查會」。

三月十九日　收爲義女的泰雅族少女阿伊罹病身亡。

五月八日　台灣住民去留決定日，島上大約四千五百名漢人決定返回中國大陸。

五月十三日　接到台灣總督府爲「蕃人教育設施之準備」，到台北、台中、台南各地調查旅行之派令。

五月二十三日～十一月二十七日　奉民政局命令環島旅行一百九十二天，進行蕃地調查。

**六月二十八日　明治天皇爲台灣最高峰
命名爲新高山。**

六月三十日　至苗栗地方調査（從苗栗
發函給東京人類學會坪井正五郎博
士）。

七月二十一日　被任命爲台灣總督府國
語學校教師。（本人在環島巡察旅行
中）

七月三十一日　於鹿港國語傳習所與敎
師江田駒次郎（堂兄弟）相遇。

十一月二十二日　船抵蘭嶼，與鳥居龍
藏相遇。

十二月十九月～二十日　四國出身的中
島藤太郎（鳥居龍藏的助理），十九日
因事故死亡於蘭嶼。

一八九八年　　32歲　一月一日　往新竹探訪新竹城史跡。

一月九日　「台灣人類學會」第一次例
會於台北淡水館舉行，會中伊能與島
居分別發表〈本會旣往的歷史及未來
的希望〉及〈談台北圓山貝塚之發現〉

一月十二日　兼任台灣總督府屬員。

**一月二十六日　台灣總督乃木希典辭
職，陸軍中將兒玉源太郎繼任。**

**三月二日　後藤新平任台灣總督府民政
局長官。**

四月二十三日　「蕃情研究會」成立，

四月二十三日　「蕃情研究會」成立，第一次發表會於台北市淡水館舉辦，擔任該會調查員，發表〈台灣土蕃開化狀況〉。

四月三十日　民政局著手吏員任免制度之改革。被解除現職。改任台灣總督府事務課約聘人員，月俸四十六圓。

五月二十一日　「蕃情研究會」舉行調查委員會議，決定設立研究調查部門。

十二月一日　自願被解除約聘工作（一般認為是因病返國）。下午五時從基隆搭乘大阪商船公司的汽船「台南丸」，四日下午船抵門司港、五日下午四時駛進神戶港。

一八九九年　　33歲　一月　進東京大學理科大學人類學研究室研習人類學。

一月　田中正太郎於人類學會雜誌發表文章反駁伊能的泰雅族族稱命名。

一月～八月　接受東京帝國大學人類學研究室委託，整理「台灣蕃人」資料以便參加即將在巴黎舉行之萬國博覽會。

二月五日　出席「東京人類學會」第一四三回例會，演講〈台灣生蕃調查史〉。

二月十二日　參加東京人類學會舉行之

於該會一五六號雜誌發表報告。

二月～七月　至東京私立史學館研習人類學。

三月十九日　參加東京人類學會舉行之「荒川沿岸石世時期遺跡探訪」，並於該會一五八號雜誌發表報告。

五月二十七日　東京林書房出版其著作《台灣在世界中的地位》。

七月二日　「考古學研究會」於東京本鄉駒蓬萊町成立，伊能說明「創會的趣旨」。

七月～八月　參加美國人尤杜·比亞斯的暑期英語講習會。

八月二十日　出席第六屆「土俗會」，名簿上記載其住址為東京神田區錦町。

八月　接受「從軍獎章」（據推測曾經以陸軍省雇員身分被派遣至台灣是獲獎章的原因）

十二月五日　由神戶出發，經宇品、門司、長崎，十一日抵達基隆。

十二月十一日　被任命為台灣總督府雇員，擔任民政局殖產課、學務課、總督府官房文書課等處職務，月俸五十圓。

一九〇〇年　34歲　一月一日　為研究地理歷史，偕小川、杉山兩人到台北縣貢寮鄉三貂社調查旅行五天。

三月二十五日 《台灣蕃人事情復命書》出版。

四月二十日 接到台灣離島彭佳嶼出差令。

五月五日 與「彭佳嶼探險隊」其他隊員一起由台北出發，十一日返回。

七月二十六日 為調查地理、歷史與蕃地現況，接到往台南方面出差令。七月二十九日出發，九月十二日返回。

十月三十日 「台灣慣習研究會」創立大會，會長兒玉源太郎、幹事伊能嘉矩。

十一月 坪井正五郎教授於《東京人類學會雜誌》一七六號為文指責伊能於一八九九年全年未發表文章。

十二月十三日 出席「台灣習俗研究會」幹事會。

十二月二十七日 接到往澎湖廳蒐集史地教科書編纂資料之出差令。十二月二十九日出發，次年一月十五日返回台北。

一九○一年　35歲　一月一日 寄出道歉函給坪井教授，說明由於撰寫《台灣總督府沿革志》，以致無暇撰文投稿。

一月二十五日 《台灣慣習記事》第一號發行。

三月　至台北城外探訪圓山貝塚。

四月五日　受聘爲台北地方法院事務約聘人員，每月津貼三十五圓（至七月二十九日止）。

六月七日　因任職滿五年獲准退休，加發二個半月薪俸。

六月　自一八九九年十月至本月共二十一個月，未曾投稿《東京人類學會雜誌》。

七月　《萬國聯合理學文書目錄‧體質人類學》顯示一九○一年度以後的編纂委員：足立文太郎、鳥居龍藏、伊能嘉矩。

七月二十四日　接到返京命令，於基隆搭乘大阪商船公司之汽船「台北丸」，於三十一日抵達神戶。

八月二十九日　奉命留京。

九月二十一日　逗留東京時，與盛岡市堀內政業之長女キヨ子結婚。

十月十五日　返回台灣。

十月二十五日　「臨時台灣舊慣調查會規則」公佈，將調查有關法制農工商之舊慣（私法），由後藤新平任會長、伊能嘉矩任幹事。

十一月　臥病在床一週。

一九○二年　　**36歲**　跟隨湖南人李少甦研究清國制度（李爲台灣巡撫劉銘傳舊幕僚，至一九○四

年止接受李指導）。

一月二十三日　台灣琳瑯書店出版其著
作《台灣年表》。

二月　一九○一年八月起至本月共六個
月未向《東京人類學會雜誌》投稿。

三月十九日　受命擔任民政部殖產局及
總督府官房文書課職務。（每月津貼
五十圓）。

五月十六日　被任命為第五次「內國勸
業博覽會」委員。

五月三十日　台灣總督府宣佈掃蕩土匪
告一段落。

十月十一日　出席「台灣慣習研究會」
幹事會。

十一月一日　東京文學社出版其著作
《台灣志》。

十二月二十七日　為調查熟蕃情況，奉
命至苗栗出差。

一九○三年　37歲　本年從西班牙天主公教會牧師薛連尼
奧・阿南茲修習西班牙史。

一月一日　台灣博文堂出版其著作《台
灣城志・台灣行政區志》合訂本。

一月八日　奉命至大阪出差，十五日搭
乘「弘濟丸」出發。

二月二十三日　《台灣年表》再版發
行。

「台灣協會」大阪分部新設台灣會館
於天下茶屋。

三月十四日　「臨時蕃地事務調查會」
成立，組成蕃地事務委員會，審議蕃
地開發方針、計劃及蕃地相關事宜。

三月二十九日　奉命擔任「臨時蕃地事
務調查會」調查員。

四月一日　往大阪參加第五次「內國勸
業博覽會」，演講「台灣的人種」。

六月十五日　由大阪返回台灣。

六月二十六日　奉命兼辦民政部警察本
署業務。

十月　坪井教授再次指責伊能於一九〇二
年內未曾投稿。

十二月　「台灣人類學會」會員名冊上
登記其住所為台北城內府前街南洋商
會（今重慶南路）。

一九〇四年　38歲　三月五日　由台灣總督府民政部出版其
著作《台灣蕃政志》。

三月三十一日　被解除民政部警察本
署、殖產局職務。改任民政部警察本
署蕃界事務調查囑託。

四月九日　以《台灣蕃政志》論文向東京
帝國大學申請文學博士學位（一九〇七
年十月十日請求撤回，二十六日由大學
送返論文）。

五月十四日　《領台始末》出版。

六月　從一九○二年十一月起至本月止，計二十個月未在人類學會雜誌發表論文。

九月　隨民政局長官後藤新平至台灣南部阿里山蕃地視察旅行。

十月二日　於東京人類學會二十週年紀念會上接受表揚。表彰文：「伊能嘉矩君篤志於人類學之研究，屢次投稿本學會會報，對學會助益甚大，為表彰其功，特頒獎牌」。

一九○五年　39歲　**一月　台灣蕃社總計七八四社，人口十萬三千三百六十人。（〈台灣年表〉）**

二月　全島田地面積，水田三一六六九甲，旱田一五八八八○甲。

六月十日　台灣新高堂出版其著作《台灣巡撫劉銘傳》。

六月十六日　「台灣慣習研究會」出版其著作《領台十年史》。

八月一日　新渡戶博士將向伊能展示台灣戲偶。

八月二十七日～九月三日　遊覽台北市劍潭古寺。

一九○六年　40歲　一月二日　參拜台南開山神社。

一月二十一日　獲准休假返鄉，踏上歸途。

一月　爲回鄉照顧年邁祖父並專心於著述，請辭一切職務。

二月二十五日　伊能寫信向親友報平安：「晚輩自出發以來受阻於風浪，延遲二日才抵神戶，此地積雪甚深，每日皆爲零度以下的嚴寒氣候」。

四月十一日　陸軍大將佐久間左馬太繼任第六任總督。

四月十四日　警察本署內設置蕃務課。

七月二十四日　前任台灣總督兒玉源太郎歿，享年五十五歲。

九月　接受台灣總督府委託編纂《台灣總督府理蕃沿革志》。

十一月十三日　後藤新平就任台灣總督府顧問。後藤贈伊能一首漢詩：

濯三濯纓以地寬，滄浪清濁我同觀；

聖時何等得佘似，煙笠風蓑夢自安。

一九〇七年　41歲　一月十三日　「台灣慣習研究會」出版其著作《台灣新年表》。

二月　「臨時台灣舊慣調查會」委託調查、編審蕃情調查報告。

四月二十日　於「東京人類學會」第二二六回例會演講，講題爲「台灣蕃人結繩」「有關台灣蕃人自殺及食人風俗的疑問」。

十月十七日　向東京帝國大學請求撤回

於一九○四年四月九日提出之博士學
位論文，二十六日退還。

一九○八年　　42歲　一月　祖母歿。

二月十三日　於岩手縣師範學校演講
「漫談台灣」。

三月　板澤武雄首次訪問伊能家。

五月十二日　坪井正五郎來函勸請伊能
撰寫《大日本地名辭書》台灣地名部
分。

八月　板澤武雄寄宿於伊能家，每天往
返遠野中學。

**十月二十三日　台灣總督府博物館開
幕。**

一九○九年　　43歲　二月二十八日　東京富山房出版其著作
《大日本地名辭書續編第三：台灣》。

五月二十二日　祖父友壽歿，享年八十
四歲。

九月二十九日　往台灣途中順路到鷲
津、名古屋、須磨寺；返鄉途中到北
山遊覽。

九月二十九日～十一月二十二日　因公
務訪問台灣。

一九一○年　　44歲　二月十六日　與鈴木重男等發起創立
「遠野史談會」。

一九一一年　　45歲　一月十九日　父親江田守雄歿，享年六
十六歲。遵照父親遺言，捐款百圓給

「岩手縣教育會」充當育英資金。

六月二十二日　台灣總督府民政部出版其
著作《台灣總督府理蕃誌稿》第一編。

一九一二年　　46歲　五月二日～六月十二日　因公務再度訪
（大正元年）　　　　　問台灣。

**七月三十日　明治天皇逝世，年號改爲
大正。**

**九月十三日　明治天皇葬禮。前任台灣
總督乃木希典大將及夫人殉死。**

十二月三十一日　遠野開始有電燈。

一九一三年　　47歲　五月　東京人類學會會長坪井正五郎出
席第五次萬國學士院聯合總會，客死
於俄都聖彼得堡。

六月三日　爲參觀「大阪拓殖博覽
會」，由遠野出發，經飯坂溫泉、栃木
縣阿蘇郡、長野縣諏訪湖，回程經由
京都、濱松返鄉。

十一月八日　岩手縣教育會上閉伊郡支
會出版由伊能嘉矩監修之《上閉伊郡
志》。

十一月十四日　上閉伊郡教育支會第二
次教育品展覽會期間，於遠野小學演
講「台灣總督時代的乃木將軍」。

一九一四年　　48歲　八月十六日　上閉伊郡教育部會於遠野
町多賀座主辦「通俗演講會」，久留島
武彥及伊能分別演講「國民之心」、

「生蕃的風俗」。

一九一五年　49歲　二月五日　爲專心寫稿，長期停留於靜岡
　　　　　　　　　縣伊豆山，因病需治療之妻子キヨ子同
　　　　　　　　　行，三月十六日返鄉。

一九一六年　50歲　一月七日　爲專心寫稿，長期停留靜岡
　　　　　　　　　縣伊豆修善寺。其間並至大阪四天王
　　　　　　　　　寺、京都御所旅行，歸途從沼津千本
　　　　　　　　　松原寄給《岩手學事彙報》專文，祝
　　　　　　　　　賀該報已發行第一千期。

　　　　　　　　　著作《及川桓次翁事蹟》、《南部彥次郎
　　　　　　　　　實繼公逸事》出版。

　　　　　　　　　十二月十九日　參加文部省所舉辦的小學
　　　　　　　　　修身教科書及讀本資料徵文活動，以
　　　　　　　　　〈向老師致敬〉一文入選四年級修身教科
　　　　　　　　　書課文三等獎，獲贈獎金十圓。

　　　　　　　　　本年再次以《清朝治下台灣文治武備機關
　　　　　　　　　之變遷》向東京帝國大學申請文學博士
　　　　　　　　　學位（申請書未記明月日，此論文沒有
　　　　　　　　　通過審查。逝世後以《台灣文化志》爲
　　　　　　　　　書名，由門人代爲校訂、出版）。

一九一七年　51歲　九月二日　俄國學者尼古拉·涅夫斯基
　　　　　　　　　至遠野調查民俗。

　　　　　　　　　森丑之助之《台灣蕃族志》出版（伊能
　　　　　　　　　在台期間協助編集）。

一九一八年　52歲　一月二十五日　爲專心寫稿，由遠野出
　　　　　　　　　發、經東京、千葉小湊，長期停留在

琦玉縣白岡。（於一月二十六日、二十七日、三月十日與東大在校生板澤武雄會面，三月二十九日返鄉。）

五月二十三日　於自宅舉行伊能家遠祖三善清行卿的「千年祭」，印製紀念明信片分送遠近友人，並在神前宣誓將開始編纂《清行詳傳》。

六月十七日　台北新高堂出版其著作《傳說中所顯現的日、台連鎖關係》。

一九一九年　53歲　十月二十七日　於遠野南部家二十一代領主清心尼公墓前演講其事蹟。

一九二〇年　54歲　四月十日　涅夫斯基來函。

八月三十一日　涅夫斯基爲研究「オシラ神」至伊能家（遠野警察以爲俄國激進派潛入町內，暗中加以偵察。）

一九二一年　55歲　四月十三日　史料採訪之旅──由二本松出發，經白石、一關、土澤至新盛岡溫泉。

四月二十三日　因受邀在消防演習時演講，由新盛岡溫泉返家。

四月二十四日　遠野警察署消防組消防演習，應邀於遠野小校演講，結束時接受警察署之茶果招待。

四月二十五日　再度前往新盛岡溫泉。

五月一日　停留於新盛岡溫泉期間，向新渡戶仙岳氏借閱菅江眞澄之〈委波

底迺夜麻〉。

五月十一日　經盛岡返回遠野。

「遠野史叢」第一編《猿石川流域的上代發展》及《綾織越前之事蹟》二書於本年出版。

一九二二年　56歲　七月二十四日　台灣總督府設立「史料編纂委員會」，伊能被推舉為委員。

九月五日　於遠野實科高等女學校校舍上樑儀式上演講「松川姬事略」。

九月十八日　「遠野史叢」外編《金剛集一書所顯示的遠野南部氏勤王之逸事》出版。

九月二十二日　為實地調查史蹟，往返於土澤至成島的毘沙門、安俵的凌雲寺，以及黑澤尻至立花的十三菩提塚、安倍一族的黑澤尻柵等地，九月二十六日返回遠野。

「遠野史叢」第二編《惡路王為何物哉？》於本年出版。

一九二三年　57歲　五月二十五日　遠野小學創校五十週年校慶，《遠野小學五十年誌》（內有伊能的跋文）出版，夜間舉行盛大提燈大會。

九月一日　關東大地震。上午十一時五十八分，關東地方發生七・九級大地震，死者及失踪者十五萬人、房屋全

倒及半倒二十六萬戶，燒毀房屋四十五萬戶。

「遠野史叢」第三編《遠野在維新前的教育及學藝》於本年出版。

與鈴木重男合著之《石器時代遺物發現地名表》一書於本年出版。

一九二四年　58歲　五月二十九日　為蒐集台灣相關資料至仙台，投宿陸奧別館。

五月三十日　拜訪宮城縣立圖書館館長池田菊左衛門氏，獲准閱覽青柳文庫，直到六月一日都在檢索台灣關係資料。

六月二日　參拜鹽釜神社。

六月三日　返回黑澤尻探訪和賀地方的史蹟。

九月一日　「遠野史叢」第四編《猿石川流域的不地震地》出版。

一九二五年　59歲　四月七日　為採集《岩手縣史》之資料，前往盛岡，住宿於陸奧館。

四月八日　至岩手縣廳與關學務課長洽談採集資料事宜。下午，訪問盛岡銀行的太田郎氏，與新渡戶仙岳氏洽談「南部叢書」出版規約及書目事宜。晚上與關氏、新渡戶氏、太田氏於日新館共進晚餐。

四月九日　至盛岡縣立圖書館閱覽相關

資料，獲准將圖書攜帶至館外。

四月十日　參拜盛岡市內的天神、住吉、八幡等神社，參觀東中野澤田金精堂的陽石，並記錄其由來。

四月十一日　由盛岡前往平泉，停留至十三日，其間閱覽並記錄「御所」遺蹟、中尊寺及毛越寺之文史資料。

四月十四日　由平泉返回遠野。

五月十日　「遠野史叢」第五編《遠野鄉的公眾浴場》出版。

八月九日　瘧疾復發，往盛岡醫院接受治療。

九月三十日　下午二時永逝。

十月三日　依照遺言，於自宅舉行神道式的告別氏，遺骨葬於福聚山大慈寺伊能家墓園。

板澤武雄和柳田國男洽商遺稿（《台灣文化志》稿件）出版事宜。

十月十三日　在台灣的尾崎秀貞、中野顧三郎發起在台北市新起町大悲閣舉行「伊能嘉矩追悼會」。

十一月九日　柳田國男致書未亡人キヨ子表示遺稿交給板澤武雄保存是最妥善的辦法。

一九二六年　　　　一月十五日　「伊能先生紀念鄉土學會」成立。

三月二十四日　板澤武雄致書キヨ子表示，籌備中的台北帝國大學將支付伊能家三千圓，做為伊能嘉矩生前為該校所編輯的史料和蒐集的標本酬勞金，以及二十七、二十八日將偕同台北帝大的移川子之藏教授至遠野拜訪。

三月二十七日　台北帝國大學教授移川子之藏及板澤武雄同訪伊能家。

五月　遺稿「遠野史叢」第六編《過去的遠野》，由「伊能先生紀念鄉土學會」出版。

七月三十日　伊能嘉矩追悼會於遠野大慈寺舉行，柳田國男、松村暸、金田一京助三人參加在遠野小學舉行的紀念演講會。

一九二七年
（昭和二年）

四月　板澤武雄至荷蘭留學。
小長谷達吉進行伊能遺稿的校對工作。

一九二八年

三月十六日　田代安定歿。田代氏係於一八九四年渡台，次年擔任總督府技師，從事熱帶植物與原住民調查。

三月十七日　台北帝國大學文政學部設置土俗人種學研究室，伊能嘉矩所收集的文書及標本已讓渡給該研究室。

三月三十一日　台北帝國大學部分改制，設置附屬農林專門部。

九月二十日　《台灣文化志》上、中、

下全三卷出版。由福田德藏序、柳田
國男小序、板澤武雄跋。

本年，柳田國男、福田德藏向帝國學術
院申請，由帝國學士院推薦，獲得
「東照宮三百年祭紀念會」補助出版費
二千五百圓。

「遠野史叢」第七編《波木井公對日蓮上
人的歷史關係》，於本年由「伊能先生
紀念鄉土學會」出版。

一九二九年	十一月九日　田代安定紀念碑（立於台北三橋町）落成典禮。
一九三○年	五月二十日　遺稿《支那百笑》出版。
一九三九年	五月六日　因伊能嘉矩無子女，由江田清繼承家業。
	八月三十日　伊能嘉矩十五週年祭。板澤武雄出版《伊能友壽年譜》與《伊能嘉矩先生小傳》。
一九五四年	九月三十日　伊能嘉矩三十週年祭，板澤武雄演講「伊能先生的生涯、功績與精神」。
一九五九年	九月三十日　遺稿《遠野夜話》由遠野叢書刊行會出版。
一九六二年	七月十五日　板澤武雄歿於東京自宅，享年六十八歲。
一九七七年	四月一日　《遠野史叢》由遠野市教育振興財團出版。

九月一日 雜誌《歷史手帖》九月號「特集‧遠野之民族文化」介紹伊能嘉矩。

一九八〇年 六月一日 遠野市立圖書館博物館開幕。展示「伊能嘉矩、佐佐木喜善、柳田國男」系譜。

一九八二年 九月六日 「伊能嘉矩先生顯彰碑」揭幕式。顯彰碑立於遠野古城址南部神社伊能手植的槐樹下。
法政大學校長中村哲氏（原台北帝大教授）撰寫〈建碑的由來〉並舉行紀念演講。
遠野市教育委員會以宮本延人（戰後留任台灣大學講師、東海大學名譽教授）所著《伊能嘉矩氏與台灣研究》作爲紀念會贈品。

一九八六年 五月 遠野市教育委員會指導室菊池文彰編輯、出版《優秀的先賢——爲故鄉育英的人士》，〈故鄉的人類學者‧伊能嘉矩〉爲其中一篇。

一九八九年（平成元年） 七月二十日 重印《遠野新聞》有關伊能嘉矩的經歷。

一九九一年 四月一日 由遠野扶輪社出版、鈴木重三編輯《遠野鄉先覺者物語》，〈《台灣文化志》作者伊能嘉矩〉爲其中一篇。

一九九二年　　　　　六月　《學鐙》八十九卷第六號刊載紅野
　　　　　　　　　　　敏郎撰〈伊能嘉矩和台灣‧遠野〉。
　　　　　　　　　　　七月　台灣的台灣風物雜誌社出版森口
　　　　　　　　　　　稔編著《伊能嘉矩の台灣踏查日記》。

一九九三年　　　　　岩手縣青少年育成縣民會議出版《照耀
　　　　　　　　　　　鄉土史的人》第三集，介紹〈伊能嘉
　　　　　　　　　　　矩——一生奉獻於台灣研究的人〉，由
　　　　　　　　　　　高柳俊郎執筆。

一九九五年　　　　　八月　「伊能嘉矩渡台百年紀念」特別
　　　　　　　　　　　展於遠野市立博物館舉行。同時發行
　　　　　　　　　　　特集《伊能嘉矩——鄉土與台灣研究的
　　　　　　　　　　　生涯》。台灣的伊能學研究者洪敏麟、
　　　　　　　　　　　曹永和、楊南郡、張炎憲應邀赴日參
　　　　　　　　　　　加特別展之研討會，並於會中演講。

參考書目：

1、森口雄稔編著，《伊能嘉矩の台灣踏查日記》（台北：台灣風
　　物雜誌社，一九九二年）
2、荒田昌典等編，《伊能嘉矩——鄉土と台灣研究の生涯——》
　　（岩手：遠野市立博物館，一九九五年）
3、荻野馨編，《伊能嘉矩行錄——台灣以後の歷史と民俗探訪の
　　道ゆき》（未刊稿）
4、江田明彥編，〈伊能嘉矩年譜〉，收入於「日本民俗文化資料
　　集成」第十五卷《遠野の民俗と歷史》（東京：三一書坊，一
　　九九四年）

〈附錄三〉伊能嘉矩有關台灣著作目錄

專書部分

明治三十二年（一八九九）

● 《世界ニ於ケル台灣ノ位置》（東京：林書房）

明治三十三年（一九〇〇）

● 《台灣蕃人事情》＊（台北：台灣總督府民政部文書課）
  ＊此書爲與粟野博之丞合著的「復命書」。

明治三十五年（一九〇二）

● 《台灣志》＊卷一、卷二（東京：文學社）
  ＊此書另有「補遺」一册：《台灣に於ける西班牙人》，於明治三十七年
  自費出版。

明治三十六年（一九〇三）

● 《台灣城志・台灣行政區志》（台北：博文堂）

● 《台灣年表》＊（台北：琳瑯書屋）
  ＊此書與小林里平合輯。

明治三十七年（一九〇四）

● 《台灣蕃政志》（台北：台灣總督府民政部殖產局）

● 《領台始末》（台北：自費刊行）

明治三十八年（一九〇五）

● 《台灣巡撫トシテノ劉銘傳》（台北：新高堂書店）

● 《領台十年史》（台北：新高堂書店）

明治四十年（一九〇七）

● 《台灣新年表》＊（台北：台灣慣習研究會）
  ＊此書原爲《台灣舊慣習記事》第七卷第一號附册，後經修訂出版。

明治四十二年（一九○九）

● 《大日本地名辭書續編第三：台灣》（東京：富山房）

明治四十四年（一九一一）

● 《台灣總督府理蕃誌稿》第一編（台北：台灣總督府民政部蕃務本署）

大正七年（一九一八）

● 《傳說に顯はれたる日台の連鎖》（台北：新高堂書店）

昭和三年（一九二八）

● 《台灣文化志》*上、中、下三卷（東京：刀江書院）
　　*此書爲伊能門人整輯其遺稿而成。

論文部分

　　伊能嘉矩一生總共撰寫與台灣相關的論文七百餘篇，主要發表於下列各期刊、報紙中：

● 《東京人類學會雜誌》十一卷一一七號～三十七卷六號（明治二十八年十二月～大正十一年六月）。

● 《台灣日日新報》（明治三十一年一月一日～大正六年一月一日）。

● 《台灣慣習記事》一卷一號～七卷八號（明治三十四年一月～明治四十年八月）。

● 《東洋時報》三十七號～三百二十號（明治三十四年十月～大正十四年七月）。

● 《台灣時報》二號～一百一十號（明治四十二年三月～大正十四年九月）。

● 《岩手每日新聞》（明治三十九年六月二十日～大正十三年九月十一日）。

此外，伊能氏各種文章同時散見下列期刊、報紙之中，其中或應有與台灣相關者：

- 《岩手學事彙報》
- 《漫畫新聞白龍》
- 《東北評論》
- 《學鐙》
- 《台灣土語雜誌》
- 《教育報知》
- 《遠野新聞》
- 《天然紀念物調查報告》
- 《土語》
- 《台灣教育會雜誌》

詳細論文總目可參照江田明彥編，〈伊能嘉矩論文目錄〉，收入荒田昌典等編，《伊能嘉矩──鄉土と台灣研究の生涯──》（遠野：遠野市立博物館，一九九五年）。

參考書目：

1、森口雄稔編著，《伊能嘉矩の台灣踏查日記》（台北：台灣風物雜誌社，一九九二年）
2、荒田昌典等編，《伊能嘉矩──鄉土と台灣研究の生涯──》（岩手：遠野市立博物館，一九九五年）

國家圖書館出版品預行編目資料

平埔族調查旅行：伊能嘉矩〈臺
／伊能嘉矩原著；楊南郡譯
臺北市：遠流，1996
面；　　公分. --（臺　　　　2）

ISBN 957-32-2897-1（平裝）

1.平埔族--調查

536.299　　　　　　　　　　　　　85008584

台灣調查時代2

平埔族調查旅行——伊能嘉矩〈台灣通信〉選集

原　著———伊能嘉矩　　譯　註———楊南郡

總策劃 ——莊展鵬　　美術主編 ——唐亞陽　　資深美編 ——陳春惠
副總編輯——黃盛璘　　資深編輯——張詩薇　　圖片翻拍——蔡沂均
副主編 ——林皎宏

發行人 ——王榮文
出版發行 ——遠流出版事業股份有限公司　台北市汀州路3段184號7樓之5
　　　　　　郵撥：0189456-1　電話：(02) 365-3707　傳真：(02) 365-7979
著作權顧問—蕭雄淋律師
法律顧問 ——王秀哲律師・董安丹律師
電腦排版——麗景工作室
印刷————優文印刷股份有限公司
□1996年9月25日　初版一刷　　□1996年11月25日　初版二刷

行政院新聞局局版臺業字第1295號
售價300元（缺頁或破損的書，請寄回更換）
©1996遠流出版公司　著作權所有・翻印必究　Printed in Taiwan
ISBN 957-32-2897-1